Jacques Le Goff, Jahrgang 1924, ist Professor für Geschichte des Mittelalters und einer der renommiertesten Mediävisten unserer Zeit. Noch bis vor wenigen Jahren hielt er Lehrveranstaltungen ab. Jacques Le Goff engagiert sich in aktuellen Fragen der Politik und ist regelmäßig in »Lundis de l'Histoire« auf France Culture zu hören. Bei Campus erschienen von ihm *Der Mensch des Mittelalters, Geschichte und Gedächtnis* und *Kaufleute und Bankiers im Mittelalter.*

Jacques Le Goff

erzählt

Die Geschichte Europas

Illustrationen von Charley Case

Emma + Linus Tenne

Campus Verlag
Frankfurt/New York

Die französische Originalausgabe erschien 1996 unter dem Titel *L'Europe racontée aux jeunes* bei Editions du Seuil, Paris. Aktualisierte Neuauflage 2007 unter dem Titel *L'Europe expliquée aux jeunes.*

Aus dem Französischen von Tobias Scheffel

Der Illustrator und der deutsche Verlag danken der Stadt- und Universitätsbibliothek Frankfurt am Main für die freundliche Bereitstellung historischer Atlanten.

Bibliografische Information der Deutschen Nationalbibliothek:
Die Deutsche Nationalbibliothek verzeichnet diese Publikation in der Deutschen Nationalbibliografie. Detaillierte bibliografische Daten sind im Internet unter http://dnb.d-nb.de abrufbar.
ISBN 978-3-593-38418-4

6., überarbeitete und aktualisierte Auflage.

Umschlaggestaltung: Guido Klütsch, Köln
Satz: Fotosatz L. Huhn, Linsengericht
Druck und Bindung: Freiburger Graphische Betriebe
Gedruckt auf säurefreiem und chlorfrei gebleichtem Papier.
Printed in Germany

Besuchen Sie uns im Internet: www.campus.de

Für Barbara

Zu **Fuß von Europa nach Asien.** Nach gut zwei Stunden Flug landet ein aus Deutschland kommender Reisender in Istanbul (dem früheren Konstantinopel), einer großen Stadt. Er befindet sich in der Türkei – und zugleich in Europa. In Istanbul überquert er eine schmale Meerenge, indem er über eine viele hundert Meter lange Brücke geht; jetzt ist er zwar noch immer in der Türkei – aber nicht mehr in Europa, sondern in Asien. Er ist in wenigen Minuten zu Fuß von der europäischen Türkei in die asiatische Türkei gelangt.

Unser Reisender verlässt Istanbul und begibt sich nach Russland. Von Moskau aus erreicht er mit Flugzeug oder Zug in ein paar Stunden den Ural, eine Bergkette im Osten. Nun klettert er die Berge hinauf. Während des Aufstiegs ist er in Russland und zugleich in Europa. Als er auf der anderen Seite wieder hinabsteigt, ist er zwar noch immer in Russland (auch wenn dieser Teil Russlands Sibirien heißt), nun aber nicht mehr in Europa, sondern in Asien. In ein paar Stunden ist er zu Fuß vom europäischen Russland in das asiatische Russland gelangt.

Was ist Europa? Ein Kontinent oder Erdteil, so antworten die Geografen, das heißt eine von natürlichen Grenzen (im Allgemeinen von Meeren) klar umrissene Landmasse. So ist es bei Afrika, Amerika und Ozeanien – auch wenn Ozeanien aus einer Unmenge von Inseln besteht, aus sehr großen wie Australien oder kleinen wie Hawaii. Aber ist Europa, von wo aus man mehr oder weniger leicht zu Fuß nach Asien gelangen kann, ein Kontinent wie die anderen?

In Istanbul hat unser Reisender Türkisch gehört; er hat Kaffee aus einer kleinen Tasse getrunken, auf deren Boden der Kaffeesatz übrig blieb; er hat Fleischspieße gegessen (vor allem aus Lammfleisch); er hat religiöse Bauwerke mit Kuppeln und hohen, spitzen Türmen, den Minaretten, gesehen, von denen aus ein Mann zum Gebet nach den Vorschriften der muslimischen Religion aufruft, und er hat seine Schuhe ausgezogen, als er diese Moscheen besichtigt hat. Staunend ist er über riesige Märkte voller kleiner Läden geschlendert, in denen er vor allem Teppiche, Schmuck und Lederwaren bewundert und den berauschenden Duft von Kräutern, Gewürzen und Parfüms in funkelnden Farben gerochen hat.

In Russland hat unser Reisender Russisch gehört; man hat ihm Wodka, einen sehr starken Schnaps, angeboten und mehrfach am Tag Tee aus einer großen metallenen Teekanne, dem Samowar, serviert; anstelle von Brot hat er Blinis, frische Hefepfannkuchen, gegessen; er ist in Kirchen gegangen, in denen Priester in schillerndem Ornat lange liturgische Zeremonien abhielten und schöne Gesänge zu hören waren. Das erinnerte ihn zwar an die katholischen Gottesdienste (und er hatte hier seine Schuhe anbehalten können, vor dem Eintreten aber seinen Hut abnehmen müssen), aber es war ein anderes Christentum, das Christentum der griechisch-orthodoxen Kirche. Einen großen Teil des Gottesdienstes zelebrierten die Priester nicht in Gegenwart der Gläubigen, sondern hinter einer bunten, mit frommen Bildern bedeckten Wand, der Ikonostase. Und schließlich hatte man ihm gesagt, dass er – für den Fall, dass er den Winter hier verbringen wolle – sich gegen die Kälte wappnen müsse und sich darum vor allem eine schöne Pelzmütze kaufen solle, eine Schapka. Er bezahlte sie in der Landeswährung, in Rubeln.

Später dann hat sich unser Reisender nach Großbritannien begeben. Das Flugzeug von Frankfurt nach London hat dafür weniger als zwei Stunden gebraucht; wenn er wieder zurückkehrt, dann kann er heute auch mit dem Zug den Tunnel unter dem Ärmelkanal benutzen – für diese Strecke braucht er etwa zehn Stunden. Tatsächlich ist Großbritannien inzwischen keine Insel mehr. Es ist über den Tunnel mit dem europäischen Kontinent verbunden, wodurch es geografisch gesehen europäischer wird. In London hat er häufig Gerichte mit Minzsoße serviert bekommen und er hat das britische Frühstück schätzen gelernt, das wesentlich reichhaltiger und schmackhafter ist als das europäische, das sogenannte kontinentale Frühstück; dazu gehören häufig Eier und Speck. Mit Erstaunen hat er festgestellt, dass die Autos auf der linken und nicht – wie in den anderen Ländern Europas (außer Irland, das früher britisch war) – auf der rechten Straßenseite fahren und dass die Entfernungen nicht in Kilometern, sondern in Meilen gemessen werden; eine Meile sind 1 Kilometer und 609 Meter. Englische Freunde haben ihn zu einem Match ihrer Lieblingssportart, dem Kricket, mitgenommen, das mit einem Schlagholz und einem Ball gespielt wird. Die-

ses Spiel, das man in keinem anderen europäischen Land spielt, kam ihm sehr eigenartig vor. Die Religion der meisten Engländer ist eine Abwandlung des protestantischen Glaubens, welche aus einer Spaltung des Christentums im 16. Jahrhundert hervorgegangen ist. Diese Religion ähnelt sehr stark dem Katholizismus, aber sie erkennt nicht den Papst als Oberhaupt an; sie bildet eine unabhängige Kirche, die anglikanische Kirche. Für die meisten anderen Europäer ist es erstaunlich, dass die Königin das Oberhaupt dieser Kirche ist. Denn – und das ist ein weiterer erstaunlicher Unterschied – an der Spitze Großbritanniens steht kein Präsident, sondern ein König oder eine Königin. Und natürlich hat unser Reisender überall in der Landeswährung, dem Pfund Sterling, bezahlen müssen und fortwährend eine fremde Sprache gehört, das Englische.

Unser Reisender könnte auch mühelos in die anderen europäischen Länder reisen, von denen keines sehr weit entfernt ist. Folgen wir ihm also weiter nach Italien, nach Rom. Zuallererst war er verblüfft angesichts der großen Anzahl von Kirchen, Priestern und Nonnen. Der Grund dafür liegt darin, dass Rom sowohl die Hauptstadt der Republik Italien ist als auch die Hauptstadt eines kleinen unabhängigen, ganz außergewöhnlichen Staates, der sich auf einen sehr kleinen Teil der Stadt Rom beschränkt: der Vatikan. An der Spitze dieses Staates steht der Papst als religiöser Führer, als das geistliche Oberhaupt aller Katholiken in Europa, besonders in Südeuropa, und der restlichen Welt. In ganz Italien hat man unseren Reisenden häufig dazu eingeladen, Kaffee in einer Bar zu trinken, wo ganz kleine Tassen mit einem vorzüglichen, sehr konzentrierten und starken Kaffee gefüllt werden. Er wird in glitzernden Maschinen hergestellt, die diesen Espresso bereits in ganz Europa verbreitet haben. Ihm wurden auch Nudeln und andere Teigwaren serviert und er hat gelernt, dass man sie nicht weich gekocht verzehrt, sondern *al dente*. Er hat mehr Baudenkmäler und Kunstwerke gesehen als in den anderen Ländern Europas – sogar mehr als in Frankreich und Spanien. Er hat gemerkt, dass man hier wieder eine andere Sprache spricht, das Italienische, und dass diese Sprache Ähnlichkeit mit dem Französischen aufweist. Er hat sich daran erinnert, dass das Französische und das Italienische einer Gruppe von benachbarten europäischen Sprachen angehören, den romanischen Sprachen (Französisch, Okzitanisch, Italienisch, Katalanisch, Spanisch, Portugiesisch); sie stammen von einer alten Sprache ab, die man in einem großen Teil Europas gesprochen hat, dem Lateinischen.

Europa – gibt es das überhaupt? Auf diese Weise hat unser Reisender in weniger als fünf Stunden Flug (und wenn man Russland ausnimmt, in den meisten Fällen in weniger als drei Stunden) oder in einigen Zugstunden Länder besucht, in denen die Menschen verschiedene Sprachen sprechen, auf unterschiedliche Weise essen und sich kleiden, verschiedenen Religionen angehören und sich Türken, Russen, Engländer, Deutsche, Norweger, Polen, Italiener oder Spanier nennen – aber fast nie Europäer. Und doch sind sie Europäer. Daher fragt sich unser Reisender: Gibt es Europa eigentlich wirklich? Was heißt es, Europäer zu sein?

Die europäische Familie. Um zu verstehen, warum diese Europäer so verschieden sind, trotz allem aber eine Gemeinschaft bilden, kann man an eine Familie denken. Es gibt eine allgemeine Ähnlichkeit unter den Angehörigen einer Familie, aber jeder sieht anders aus, besitzt eine eigene Persönlichkeit, vor allen Dingen aber einen unterschiedlichen Charakter.

Die Geschichte verleiht der Geografie Leben. Die Besonderheit des Kontinents Europa liegt zunächst in der Geografie, vergleichbar mit der äußeren Ähnlichkeit der einzelnen Familienmitglieder. Sein Charakter aber ist im Laufe der Zeit durch die Geschichte der Menschen, die hier lebten, geprägt. Während dieser langen Geschichte hat jede Generation etwas von ihren Eltern und Vorfahren ererbt und ihr eigenes Leben, ihre eigene Individualität geschaffen. Dies lässt sich auch auf die Kontinente und

Europa 2007
Europäische Union
Grenze der Russischen Föderation
Alte Grenze der UdSSR
Reykjavik
Island
Europäisches Nordmeer
Norwegen
Oslo
Nordsee
Irland
Dublin
Großbritannien
London
Dänemark
Kopenhag
Amsterdam
Niederlande
Berlin
Brüssel
Belgien
Luxemburg
Deutschland
Paris
Atlantischer Ozean
Frankreich
Prag
Tschechisch Republik
Wien
Schweiz
Österreich
Slowenien
Zagreb
Portugal
Lissabon
Madrid
Spanien
Italien
Rom
Mittelmeer
Marokko
Algerien
Tunesien
Malta

Russische Föderation
Finnland
Helsinki
Estland
Lettland
Moskau
Litauen
Minsk
Weißrussland
Kasachstan
Kiew
Ukraine
vakische Republik
Moldawien
apest
Bukarest
Rumänien
elgrad
Kaspisches Meer
Georgien
bien
Aserbaidschan
Schwarzes Meer
Armenien
Bulgarien
Sofia
Makedonien
Türkei
Iran
riechenland
Athen
Syrien
Irak
Zypern

Länder übertragen. Europa ist wie alle Kontinente ein Kind der Geografie und der Geschichte. Zum Beispiel ist Europa ein vom Meer umschlungener und durchdrungener Kontinent, und diese Bedingungen haben die Entwicklung der Schifffahrt gefördert. Die Europäer haben sich sehr früh auf die Meere gewagt, seetüchtige Schiffe gebaut und sind weit in die Ferne gefahren: Wahrscheinlich haben die Griechen die Meerenge von Gibraltar durchkreuzt, die sie die »Säulen des Herkules« nannten, und die Norweger sind wahrscheinlich im Mittelalter nach Amerika gesegelt – lange vor Christoph Kolumbus –, ohne freilich einen regelmäßigen Verkehr einzurichten, da ihre geografischen Kenntnisse nicht ausreichten.

Der kleinste Kontinent. Beginnen wir mit der Geografie. Unser Reisender hat bereits das wichtigste Merkmal Europas kennengelernt: Es ist der kleinste Kontinent. Selbst in der Zeit, als es noch keine Eisenbahn und kein Flugzeug gab, konnte man relativ schnell von einem Ende Europas zum anderen reisen. In der Antike konnte ein römischer Heerführer, der zu Fuß oder zu Pferde von Rom fortzog, während seiner Laufbahn mehrere Feldzüge in Gallien (dem heutigen Frankreich), Germanien (dem Westen des heutigen Deutschland), in Spanien und sogar in Britannien (dem heutigen Großbritannien) führen. Die Gebirge sind nicht sehr hoch und selbst die höchsten (die Alpen) oder massivsten (die Pyrenäen) oder die längsten (die Karpaten) sind recht leicht zu überqueren. Viele Flüsse und Ströme sind schiffbar – insbesondere der Rhein und die Donau. Die Europäer verfügen daher über ein umfangreiches Wegenetz zu Lande und zu Wasser. Zu den natürlichen Verkehrswegen kommen noch die Straßen, die die Menschen im Laufe der Geschichte geschaffen haben. Die Römer waren große Straßenbauer und noch heute sieht man bisweilen Überreste dieser gepflasterten Straßen. Europa ist ein Kontinent mit einer Vielzahl von bequemen und schnellen Verkehrsverbindungen, auch ohne das Flugzeug. Leicht konnte man Schnellverbindungen schaffen: Autobahnen und Hochgeschwindigkeitszüge (wie den deutschen ICE oder den französischen TGV). Kein Europäer ist weit entfernt von einem Bahnhof oder einem Flughafen – und häufig nicht einmal von einem Hafen.

Nehmen wir einen Globus oder einen Atlanten zur Hand und vergleichen wir Europa mit den anderen Kontinenten: Sofort fällt uns auf, wie klein Europa ist. Berechnungen besagen, dass Europa, dessen Fläche 10 Millionen Quadratkilometer ausmacht, nur sieben Prozent der festen Erdoberfläche einnimmt, während Asien einen Anteil von 30 Prozent daran hat, Amerika 28 und Afrika 20 Prozent. Lassen wir unseren Reisenden auf jedem Kontinent von einem äußeren Ende zum anderen reisen: In Europa reist er dabei 4000 Kilometer vom norwegischen Nordkap bis zur griechischen Insel Kreta, 4300 Kilometer vom Nordkap zur äußersten Südwestspitze Portugals und – die weiteste Strecke – 5000 Kilometer von Lissabon, der Hauptstadt Portugals, in den Osten Russlands, den Ural. Wollte er die anderen Kontinente durchqueren, so müsste er ungefähr die doppelte Strecke zurücklegen. Das Flugzeug hat diese Unterschiede heutzutage abgeschwächt, aber bis in unser Jahrhundert hinein waren die Europäer im Vorteil, wenn sie innerhalb ihres Kontinents reisen mussten.

Europa und seine asiatischen Nachbarn: Schlagabtausch und Austausch der Kulturen. Werfen wir wieder einen Blick auf unseren Globus oder Atlanten: Europa ist das westliche Ende des riesigen Kontinents Eurasien. Von Afrika ist es nur durch ein schmales Meer, das Mittelmeer, getrennt. Europa, Asien und Afrika haben sich gegenseitig beeinflusst, manchmal durch Kriege, häufiger aber durch friedliche Einwanderung. Im Mittelalter hat Europa Einwanderungsströme asiatischer Völker erlebt, zum Beispiel den der Mongolen im 13. Jahrhundert.* Die Türken haben im 15. Jahrhundert das Byzantinische Reich zerstört und Konstantinopel eingenommen, bevor sie einen Teil Südosteuropas eroberten;

* Die zutiefst erschreckten Europäer haben geglaubt, die »Tataren« genannten Mongolen seien dem *tartarus* (im griechischen Mythos die Unterwelt) entsprungene Teufel, deshalb of fälschlich »Tartaren« genannt.

Nord-
amerika
Atlantischer
Ozean
Pazifischer
Ozean
Süd-
amerika

Europa und die anderen Kontinente

in Bosnien-Herzegowina leben heute noch immer Muslime. Aber Teilbereiche der asiatischen Kultur haben die europäische Kultur im Westen bereichert. Dieser Einfluss war so stark, dass die Wissenschaftler von der indogermanischen oder indoeuropäischen Kultur sprechen. Manche mittelalterlichen Verserzählungen und einige Fabeln etwa von Jean de La Fontaine sind Nacherzählungen indischer Geschichten. Die sogenannten arabischen Zahlen, die eigentlich aus Indien stammen, haben die römischen Zahlen abgelöst. In Verbindung mit der Einführung der Null und des Dezimalsystems erlaubten sie den Europäern riesige Fortschritte beim Rechnen. Viele Wörter in europäischen Sprachen stammen aus Asien, überwiegend aus dem Persischen, dem Türkischen und Arabischen: Algebra, Diwan, Alkoven und so weiter.

Völkerwanderung, Kolonialismus, Eroberungen, Einwanderung. Seit der griechischen und römischen Antike haben die Europäer einen großen Teil des Nahen Ostens und Nordafrikas, des Maghreb, kolonialisiert. Auf afrikanisch-asiatischer Seite haben die Araber im Mittelalter den größten Teil der Iberischen Halbinsel und Sizilien erobert. Seit dem 19. Jahrhundert leben viele Nordafrikaner in Südeuropa, vor allem in Frankreich. In den letzten dreißig Jahren sind viele Arbeiter, besonders aus der Türkei, auch nach Deutschland gekommen.

Wo endet Europa im Osten? Im Osten gibt weder die Geografie noch die Geschichte genau darüber Auskunft, wo Europa endet: An den östlichen Grenzen Russlands? Im Ural und im Kaukasus, den Gebirgen, die das europäische Russland umschließen und ein großes asiatisches Russland ausgrenzen? Ist unser Reisender mit der Transsibirischen Eisenbahn gefahren, jenem berühmten Zug, der Moskau mit Wladiwostok und Peking im äußersten Asien verbindet, dann hat er bei Kilometer 1777 eine Steinsäule gesehen: Unter einem nach Westen gerichteten Pfeil ist »Europa«

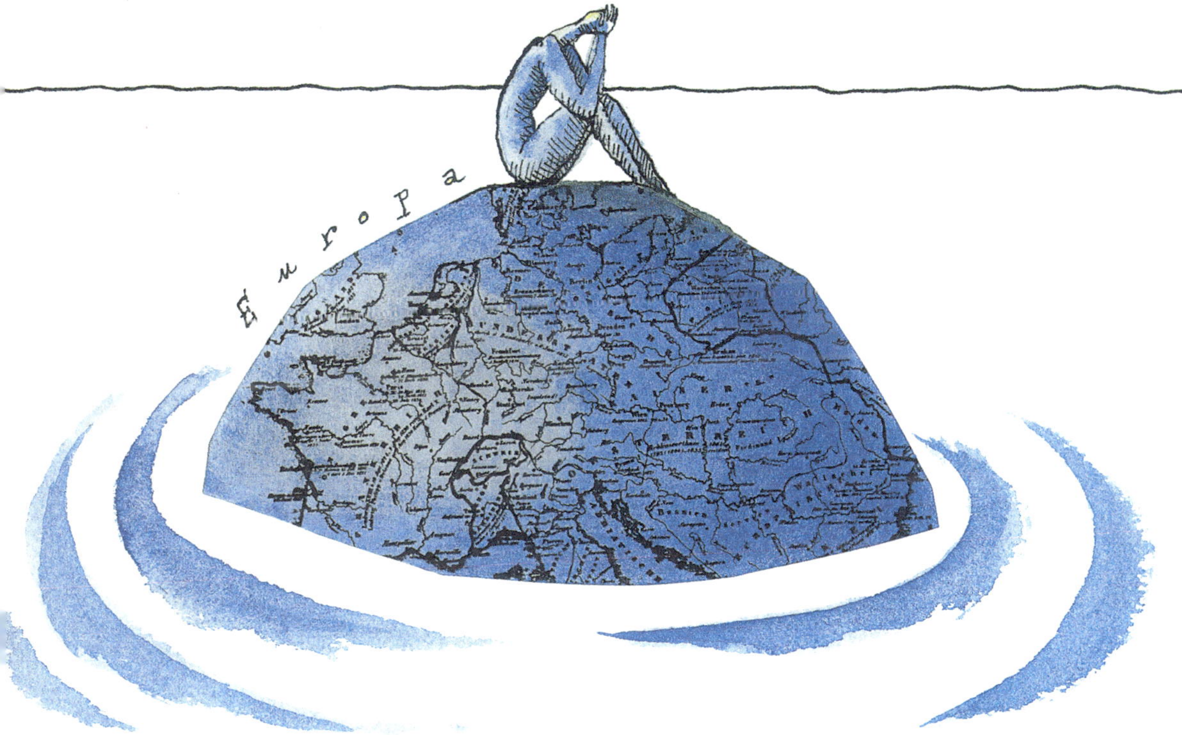

und unter einem nach Osten gerichteten Pfeil »Asien« zu lesen. Und nicht alle stimmen dem Ausspruch des französischen Politikers Charles de Gaulle zu, der gesagt hat: »Europa reicht vom Atlantik bis zum Ural.«

Dasselbe Problem stellt sich im Falle der Türkei, von der nur ein kleiner Teil geografisch zu Europa gehört – allerdings derjenige, auf dem sich Istanbul befindet, die größte türkische Stadt, die wir bereits besucht haben. Ist die Türkei ein europäischer Staat mit einem großen asiatischen Anhängsel oder ein asiatischer Staat mit einem kleinen europäischen Anhängsel?

Nirgends in Europa ist es weit zum Meer. Werfen wir einen letzten Blick auf die Karte oder den Globus, um zu sehen, wie die Geografie Europa geprägt hat.

Unter den sechsunddreißig europäischen Ländern haben nur die folgenden acht keinen Zugang zum Meer: Luxemburg, die Schweiz,

Österreich, Tschechien, die Slowakei, Ungarn und Weißrussland. Europa ist ein eng vom Meer umschlungener Kontinent.*

Europa hat eine lange Geschichte. All dies zusammengenommen – die bescheidenen Ausmaße, die geringe Entfernung zum Meer, die vergleichsweise geringen Höhenunterschiede, das mehr oder weniger gemäßigte Klima, die günstige Beschaffenheit der meisten Böden (es gibt keine Wüste und schon seit langem keinen Urwald mehr), die den europäischen Kontinent ausmachen – wird es auch nicht überraschen, dass Europa im Gegensatz zu den anderen Kontinenten schon sehr früh fast vollständig besiedelt und landwirtschaftlich genutzt worden ist. Die Vorgeschichte hat beeindruckende Überreste hinterlassen: Skelette, Werkzeuge und vor allem fantastische Höhlenmalereien wie beispielsweise in Alcántara in Spanien oder – in Frankreich – in Lascaux, in der Nähe von Marseille sowie im Departement Ardèche, wo sich eine Höhle befindet, die erst vor kurzem entdeckt wurde.

Europa kann auf eine lange wirtschaftliche Tradition zurückblicken, es besitzt eine reiche Kultur, mit einer langen Geschichte und einem großen Schatz von Erinnerungen. Nur China, Indien, der Mittlere und Nahe Osten haben in einzelnen Regionen eine derart reiche Vergangenheit.

Die Existenz Europas als einer menschlichen Gemeinschaft wirft jedoch Fragen auf.

Wie kann man Europäer sein? Montesquieu, der große französische Philosoph des 18. Jahrhunderts, lässt in seinem Werk *Die Perserbriefe* die Pariser sagen: »Wie kann man Perser sein?« Auf die Europäer gemünzt könnte diese Frage heute lauten: »Wie kann man Europäer sein?«

* Wenn ihr mehr dazu wissen wollt, könnt ihr das folgende Buch lesen: Michel Mollat du Jourdin: *Europa und das Meer*. Aus dem Französischen übersetzt von Ursula Scholz. München: C.H. Beck, 1993 (in der Reihe »Europa bauen«).

Die Griechen erfinden Europa. Europa ist die Erfindung der Griechen. Der Dichter Hesiod (er lebte um 700 vor Christus) hat als erster diese Bezeichnung verwendet und der berühmte Herodot, der »Vater der Geschichtsschreibung«, hat im 5. Jahrhundert vor Christus geschrieben: »Es scheint, dass man nicht weiß, woher der Name Europa stammt und wer ihn verliehen hat.«

Eine asiatische Prinzessin und ein Gott. In Tyros an der asiatischen Mittelmeerküste (im heutigen Libanon) lebte der Legende nach eine Prinzessin, die Europa hieß. Sie war die Tochter des Königs Agenor. Eines Nachts hatte sie folgenden Traum: Zwei Länder in Gestalt zweier Frauen stritten sich um sie. Die eine, das »Land Asien«, wollte sie behalten, die andere, das »Land gegenüber«, wollte sie auf Befehl des Götterkönigs Zeus aufs Meer hinausziehen. Als die Prinzessin am nächsten Morgen erwachte, pflückte sie am Ufer des Meeres Blumen. Ein mächtiger, aber friedlicher Stier entstieg dem Wasser und brachte die Prinzessin schließlich dazu, sich auf seinen Rücken zu setzen. Daraufhin flog er davon und offenbarte ihr, dass er Zeus sei und sich in ein Tier verwandelt habe. Auf der griechischen Insel Kreta vereinigte er sich mit ihr und sie wurde »die Mutter edler Söhne«.

Der Name Europa gibt den Wissenschaftlern noch immer manches Rätsel auf. Die Christen versuchten dieser heidnischen Prinzessin (andere mythologische Fassungen machen aus ihr eine Nymphe) einen christlichen Namen zu geben, da sie sich jedoch nicht einig wurden, blieb Europa schließlich Europa. Die vielen Gemälde in antiken Häusern, die den Raub der Prinzessin oder Nymphe durch den Stier-Gott Zeus (bei den Römern hieß er Jupiter) abbilden, zeugen von der großen Verbreitung des Mythos von Europa und dem Stier sowohl in Italien (siebzehn allein in Pompeji) und in Gallien als auch in Britannien und Germanien. Bis ins 18. Jahrhundert hat diese Legende europäische Maler zu beeindruckenden Bildern angeregt.

Von seiner Ursprungslegende hat »Europa« zwei wesentliche

DIE BRITISCHEN INS
Orkney
Hebriden Western Iⁿ
Bergen
Stavanger
Fr. of Murray
N. Aberdeen
Lindesnæ
Fr. of Forth
Edinburgh
NORD
SEE
Newcastle
C. Slyne
Hull
Helgoland
C. Clear
S. George Can.
Bristol Can.
Yarmouth
Scilly Iⁿ
Landsend
Canal
Der
I. Quessant
Brest
l'Orient
Rochefort
Europa
C. de Finisterre
Ferrol
Coruña
Busen v. Viscaya
S. Sebastian
Oporto
Coimbra
charley case
Salamanca
Madrid
Toledo
Guadiana
Badajoz
Cordova
Jaen
Granada
Murcia
Malaga
Zaragoza
Mallorca
C. de S. Vincent
Lagos
Cadiz
Str. v. Gibraltar
Gibraltar
Tanger
Ceuta
MITTE
Algier
C. Bujarone
I. Galita
Melilla
Oran
Bugia
Constantine
Tunis
Marokko
Algier
Zeus
Tunis
Marokko
Mogador
Atlas Geb.
Corsica
Sardinien
A
F
R

Stockholm
Göteborg
Carlskrona
Bornholm
Rügen
Kolberg
Danzig
Königsbg.
Stettin
Berlin
Posen
Thorn
Oder
Breslau
Weichsel
Warschau
POLEN
Kalisz
Lublin
Krakau
GALIZIEN
Lemberg
Brünn
Wien
Pesth
Ofen
UNGARN
Szegedin
Theresi
Zombor
Neusatz
SIEBEND.
Herrmanst.
Braila
WALLACHEY
Bukarest
Silistria
Widdin
Nikopolis
Sistov
Rustschuk
Varna
SERB
EUROP
TÜRKEY
Sophia
Philippopel
Adrianopel
Constantinopel
Skutari
Seres
Salonik
Janina
Corfu
Athen
Corinth
Nauplia
Hydra
Zante
Ceph.
C. Matapan
Cerigo
Candia
Caso
Scarpanto
Rhodus
Smyrna
Brussa
Ismid
Scutari
Angora
Kutahije
Konich
Adana
Adalia
Taurus Geb.
Kaisarije
Tokat
Siwas
Amasia
Sinope
Samsun
Trebisond
Kizil Ermak
Nicosia
Cypern
Damask
Jerusalem
Damiette
Rosette
Alexandria
Kairo
Suez
Akaba
Derna
Plateau v. Barka
Bengasi
Golf v. Sydra
Buscheida
C. Mesurata
C. Bon Andrea
Malta
Valetta
C. Passaro
Catania
Siracusa
Palermo
Neapel
Foggia
Bari
Taranto
Ancona
Adriatisches Meer
Jonisches M.
JONISCHE I.
MEER
Odessa
Cherson
Nikolajew
Bender
Kischinew
Akjerman
Jassy
Chotin
Kamjenjetz
Dniester
Bug
MOLDAU
Bessarabien
Krim
Simferopol
Kertsch
Anapa
Asow. M.
Taganrog
Nowo Tscherkask
Asow
Don
Tscherkessen
Süd Russland
Klein Russland
Kiew
Poltawa
Charkow
Jekaterinoslaw
Dniepr
Tschernigow
Shitomir
Dubno
Pripet
Kursk
Orel
Woronesch
Tambow
Pensa
Saratow
Kaluga
Tula
Riasan
Moskau
Wladimir
Twer
Jaroslawl
Kostroma
Wologda
Nowgorod
Pskow
Petersburg
Narwa
Reval
Dorpat
Pernau
Esthl.
Liefl.
Riga
Wolmar
Mitau
Kurl.
Libau
Memel
Wilna
Minsk
Grodno
Bialostok
Witebsk
Smolensk
Mohilew
Düna
Beresina
Waldai Plateau
Wolchonski Wald
Wolga
Abo
Helsingfors
Wiborg
Kronstadt
Gotl.
Oesel
Wisby
Oeland
Kalmar
Upsala
Gefle

Eigenschaften bewahrt: Zum einen handelt es sich um eine schöne Frauengestalt, die viele Verehrer hatte, zum anderen handelt es sich um einen Mythos, eine Geschichte, die versucht, eine rätselhafte Herkunft zu erklären, die noch in eine konkrete Wirklichkeit umgesetzt werden muss.

Nun hat der Kontinent zwar einen Namen – aber wie wird seine Entwicklung aussehen? Wird er – wie die legendäre Prinzessin, die ihm seinen Namen gegeben hat – zu einer eigenen Persönlichkeit finden, wird er sich eine Einheit erschaffen? Oder wird dieses Europa, im Gegenteil, ein Mythos bleiben, ein unwirklicher Traum, ein Kontinent, der sich aus Europäern ohne Europa zusammensetzt?

Betrachten wir gemeinsam, welche Kräfte Europa seit dem Ende der Antike, das heißt seit etwas mehr als zweitausend Jahren, in Richtung Einheit beeinflusst und welche es davon abgebracht haben.

Auf den Spuren Europas. Die Europäer von heute haben im Laufe der Geschichte bei aller Verschiedenheit doch ein gemeinsames Erbe erhalten. Machen wir uns als Europa-Archäologen auf die Suche: zunächst unter der Erde, dann in Büchern, Inschriften, Archiven und Museen, und forschen wir nach Baudenkmälern, Wohnungen und Gegenständen, die aus den verschiedenen Epochen stammen.

In vielen Gegenden Europas gibt es Orte, an denen Dinge aus verschiedenen Epochen der Geschichte in unterschiedlich tiefen Schichten des Erdbodens verborgen sind. In Regensburg hat man zum Beispiel vor- oder frühgeschichtliche Überreste gefunden. Viele stammen aus der Zeit der Kelten, jüngere aus der Zeit der Römer. Heute sind sie im Stadtmuseum Regensburg ausgestellt.

In manchen Gegenden Südgalliens, vor allem in Marseille, haben sich später die Griechen niedergelassen. Ausgrabungen im Alten Hafen von Marseille haben diese griechische Schicht wieder zum Vorschein gebracht. Schließlich haben die Römer Gallien und Teile

Germaniens erobert und die Bauten ihrer Zivilisation hinterlassen: antike Theater und Arenen in Nîmes, Arles und Orange, Brücken wie den Pont du Gard, Bäderanlagen wie die Thermen in Trier. In einer Stadt wie Rom kann man alte christliche Kirchen sehen, die auf antiken römischen Wohnhäusern errichtet wurden.

Diese gemeinsame europäische Zivilisation setzt sich aus materiellen Bestandteilen zusammen: Baudenkmälern und Wohnhäusern (römische Villen findet man von Großbritannien bis nach Andalusien und Sizilien), hauptsächlich aber aus kulturellen Elementen. Zahlreiche Wörter haben denselben Ursprung (das lateinische Wort für Rose, *rosa,* findet man in vielen europäischen Sprachen). Große Kunststile – die Romanik, die Gotik, das Barock – haben sich über ganz Europa verbreitet. Gotische Kirchen findet man von Norwegen bis Portugal, von Schottland bis nach Polen. Kultur beruht vor allem auf einem gemeinsamen Geist, auf Gemeinsamkeiten in der Art zu denken und sich zu verhalten, auf dem Gefühl, derselben kulturellen Gemeinschaft anzugehören. Es ist das besonders bei den gebildeten Europäern seit Jahrhunderten vorhandene Gefühl eines europäischen Bewusstseins.

Die griechischen Spuren – Ein Arzt urteilt über Europäer und Asiaten. Der erste Beleg für dieses europäische Bewusstsein stammt aus der griechischen Antike, aus dem 5. bis 4. vorchristlichen Jahrhundert. Der berühmte Arzt Hippokrates hat den Text eines Eides abgefasst, den alle Ärzte schwören sollten. Dieser Eid sollte sie dazu verpflichten, ihre Kranken nicht nur nach ihrem Wissen, sondern auch nach ihrem Gewissen zu behandeln. Noch heute müssen viele Ärzte in Europa den Eid des Hippokrates leisten.

Hippokrates hat auch eine Klimatheorie aufgestellt. Darin setzte er den seiner Meinung nach aggressiven, aber freiheitsliebenden Europäern die friedliebenden und eher kunst- als kriegsbegeisterten Asiaten gegenüber, die sich leichter Tyrannen und Gewaltherrschern unterwerfen würden.

Demokraten, Humanisten und Mathematiker. Das griechische Erbe zeigt sich zunächst einmal in der besonderen Rolle, die die *Demokratie* (das Wort bedeutet: Herrschaft des Volkes) einnimmt, das heißt die Gleichheit der Bürger der Stadt vor dem Gesetz und die Beteiligung an den öffentlichen Angelegenheiten. Europa ist der demokratischste aller Kontinente, doch hat die Demokratie seit den Griechen schreckliche Rückschläge und große Kämpfe erlebt; auch heute ist sie in Europa noch lange nicht vollkommen.

Die Griechen waren die ersten großen Wissenschaftler und Philosophen Europas. Ihre Suche galt der Wahrheit und der Weisheit. Vor allen Dingen in der Mathematik haben sie Beachtliches geleistet. Von ihren Erkenntnissen wie dem Satz des Pythagoras und dem archimedischen Prinzip werdet ihr noch in der Schule hören. Als Philosophen in der Nachfolge von Sokrates haben sie sich darum bemüht, den Menschen darin zu bestärken, sich zu erkennen: »Erkenne dich selbst.« Sie verehrten zwar die Götter, haben aber den Menschen in den Mittelpunkt der Welt gestellt. Sie haben die Europäer gelehrt, die menschlichen Tugenden und Fähigkeiten zu entwickeln und Humanisten zu sein. Als das Christentum die Menschen dazu brachte, an einen einzigen Gott zu glauben, haben die Europäer die Weisheit und die Bedeutung von Vernunft und kritischem Geist, die sie von den Griechen gelernt hatten, nicht vergessen.

Die Griechen vertraten die Ansicht, dass der Humanismus den Menschen dazu bringen sollte, nicht nur seinen Geist, sondern auch seinen Körper zu üben.

Der Kult des Körpers. Die Griechen haben die Olympischen Spiele erfunden, die am Ende des 19. Jahrhunderts wieder gegründet wurden, um die größten Sportler der Welt, zunächst aber Europas, zum Wettkampf zusammenzubringen. Die Griechen waren auch begeisterte Anhänger des Schönen. Der griechische Tempel war über Jahrhunderte ein Vorbild für die Architekten.

Der römische Bürger – ein Europäer? Die Römer verbreiteten das griechische Erbe. Sie eroberten die Iberische Halbinsel, Gallien, Britannien (Großbritannien), Westgermanien und die Länder zwischen dem heutigen Ungarn und Griechenland. Seht euch die Landkarte an: Dieses Gebiet war ein erstes Abbild des späteren Europa. Im ganzen westlichen Teil dieses Reichs wurde dieselbe Sprache gesprochen und die Männer dienten in derselben Armee. Kaiser Caracalla verfügte im Jahr 212 nach Christus, dass jeder freie Mann des Reichs den Status und die Rechte eines römischen Bürgers erhalten solle: Das ist das erste Beispiel für eine einheitliche Staatsbürgerschaft in der Geschichte Europas.

Man spricht lateinisch. Erinnern wir uns daran, dass das Lateinische die grundlegende Sprache der europäischen Zivilisation gewesen ist; durch das Christentum ist es bis ins Mittelalter und noch darüber hinaus wichtig geblieben. Es ist bedauerlich, dass diese Sprache in Europa immer weniger unterrichtet wird, denn sie würde die Europäer an ihre gemeinsame Geschichte erinnern. Das gilt auch für das Griechische, wenn auch in geringerem Maß.

Ein neuer Gott: Christus. Die Römer glaubten an zahlreiche Götter und ihre Religion bestand aus dem genauen Befolgen von Ritualen; aus dem Orient dagegen kamen neue Götter, die sich vor allem an die innersten Gefühle der Menschen richteten. Einer dieser Götter, der zunächst von den Juden verehrt wurde, überzeugte immer mehr und mehr Männer und Frauen. Es war der Gott der Christen, der sich nach Ansicht seiner Anhänger in einen Menschen verwandelt hatte: Jesus Christus, das heißt der vom Herrn Gesalbte.* Er ist in Jerusalem während der Herrschaft von Tiberius (um 30 nach Chr.) am Kreuz gestorben.

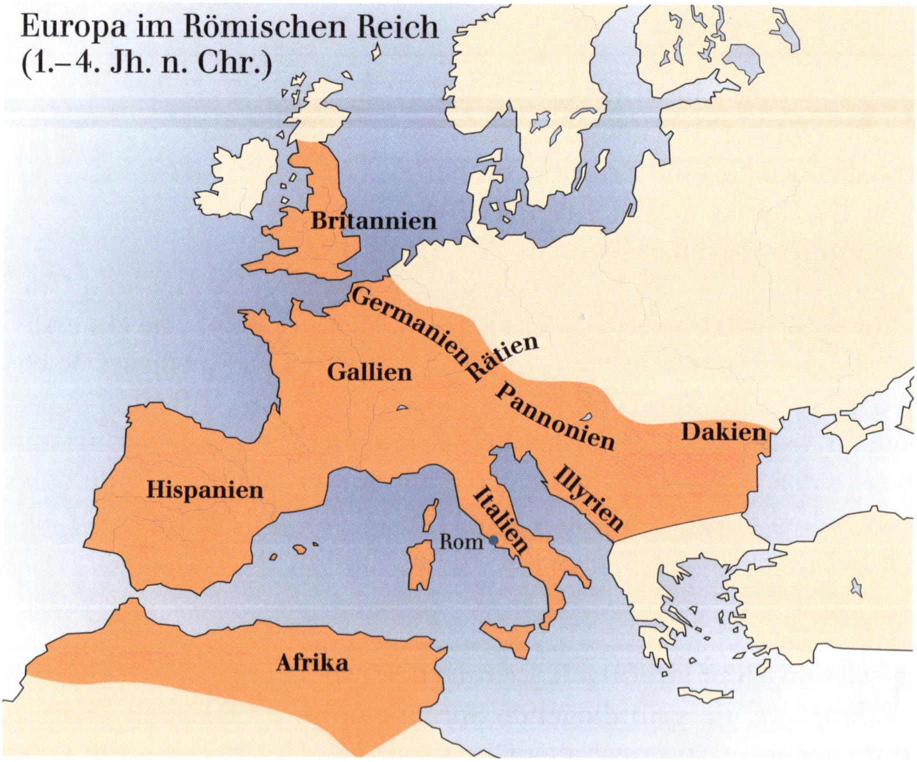

* »Gesalbt« ist jemand, der mit einer geheiligten Flüssigkeit – Wasser oder Öl – ein Zeichen auf der Stirn erhalten hat. Das Wasser wird bei der Taufe verwendet. Auch Jesus wurde durch Johannes den Täufer von Gott gesalbt. Öl wurde bei der Salbung von Königen verwendet.

Nachdem die römischen Kaiser die Christen lange Zeit verfolgt hatten, machten sie das Christentum im 4. Jahrhundert zur offiziellen Religion des Reichs. Es war eine Epoche, die von Ängsten geprägt war. Das Christentum versprach seinen Gläubigen die Wiederauferstehung am Ende der Welt, das ewige Heil für alle Gläubigen, die ein gutes Leben geführt haben, sowie die Vergeltung aller Ungerechtigkeiten und Ungleichheiten der irdischen Gesellschaft im Jenseits. Die Guten kämen ins Paradies, die Bösen in die Hölle.

Ein neues Europa: Die Christenheit. In Europa entstanden neue geistige Führer: Priester und Mönche, von Bischöfen geleitet. Unter allen Bischöfen erhob der von Rom den Anspruch, der höchste Führer zu sein: Er war der Papst, was so viel heißt wie Vater. Ein zweites Gesicht Europas zeigte sich: das der Christenheit.

Europa entfernt sich vom Orient und spaltet sich: Das lateinische und das griechische Europa. Im Westen des Römischen Reiches wurde Latein gesprochen, im Osten Griechisch. Als der Westen sich in Auflösung befand, verlagerte sich die kaiserliche Macht nach Osten. Kaiser Konstantin errichtete seine Hauptstadt an der äußersten Spitze Europas an der Grenze zu Asien und nannte sie Konstantinopel. Im östlichen Teil des Reiches behauptete sich die christliche Kirche mit der Orthodoxie als Bewahrerin des »wahren« christlichen Glaubens; ihre Sprache war das Griechische und sie unterstand nicht dem Papst, sondern dem Patriarchen* von Konstantinopel.

Die Kirche in Rom, die den Anspruch erhob, allumfassend zu sein (das ist die Bedeutung des Wortes »katholisch«), entfernte sich immer mehr von der griechisch-orthodoxen Kirche. Im Jahre 1054 erklärten die beiden christlichen Kirchen offiziell ihren Bruch, das war das Schisma. Das Christentum hatte nun zwei Zentren: Rom für das römische Christentum, Konstantinopel für das griechische. Die heidnischen Völker, die im Laufe des Mittelalters zum Christentum übertraten, wurden im Westen von Rom, im Osten von Konstantinopel bekehrt.

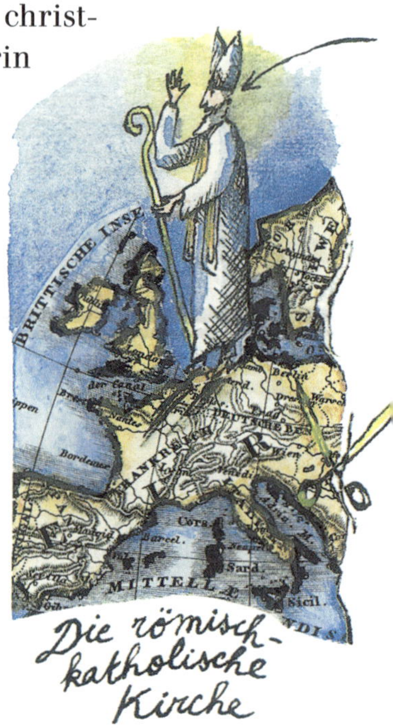

So entstand in Europa eine im Wesentlichen religiöse Trennung: Sie entsprach umfassenden und tiefer gehenden Unterschieden zwischen West- und Osteuropäern. Obwohl beide Seiten Christen waren, verstärkte sich diese Trennung noch im Laufe der Geschichte. Diese Gegensätze wirken noch heute und stellen die europäische Einigung vor große Probleme: Gibt es ein oder zwei Europas – ein West- und ein Osteuropa?

* Der Patriarch ist das Oberhaupt einer griechisch-orthodoxen Kirche. Der Patriarch von Konstantinopel stand über den anderen Patriarchen. Seine Bedeutung entsprach der des Papstes im römischen Christentum.

Eine heute unsichtbare Grenze. Schicken wir unseren Reisenden noch einmal in den Osten Europas. Zwischen den beiden Teilen gibt es keine echte Grenze. Sie ist unsichtbar, aber unser Reisender stellt sich in einigen dieser Länder die Frage, ob er wirklich noch immer in Europa ist. Ganz offensichtlich herrscht hier viel geringerer Wohlstand; Sitten und Denken der Menschen sind deutlich anders.

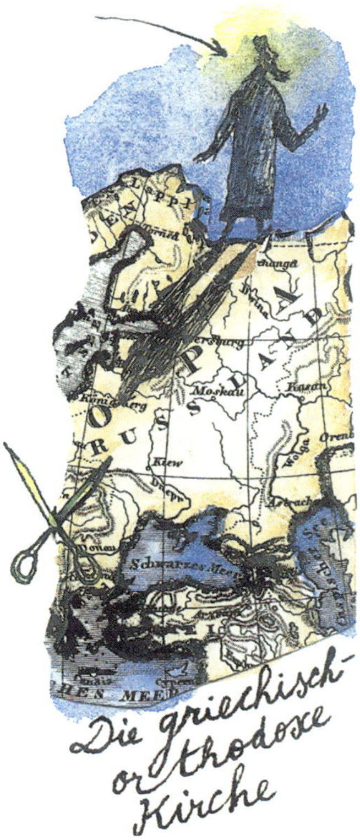

Seht euch die schrecklichen Kriege im ehemaligen Jugoslawien an, die in den 90er Jahren des letzen Jahrhunderts ausgebrochen sind. Dort sind die alten Gegensätze nach langer Zeit wieder zum Vorschein gekommen: Die Slowenen und Kroaten sind Katholiken, die Serben sind griechisch-orthodox, und seitdem sich ab dem 15. Jahrhundert die Türken niedergelassen haben, gibt es in Bosnien-Herzegowina und in Mazedonien viele Muslime. Die römisch-katholischen Christen Sloweniens und Kroatiens und die orthodoxen Christen Serbiens bekämpften sich in äußerst heftigen Auseinandersetzungen. Die religiöse und kulturelle Grenzlinie wurde zu einer Front, an der sich schwer bewaffnete Soldaten gegenüberstanden.

Die Aufteilung Westeuropas: Eine blutige, doch erfolgreiche Einwanderung. Beim Übergang von der Antike zum Mittelalter, im 4. und 5. Jahrhundert, kam es zu einem eigenartigen Vorgang: Die Geschichte brachte die Europäer einander näher und machte sie alle zu Christen innerhalb der Christenheit, gleichzeitig teilte sie sie aber auch. Neue Völker ließen sich nieder und schufen neue Staaten, die die Völker trennten, die zuvor im Römischen Reich vereint waren.

Eroberer oder Wanderer? Die Einwanderung von Völkern aus Nord- und Mitteleuropa wird von den Franzosen »die großen Invasionen« und von den Deutschen »die große Völkerwanderung« genannt. Daran könnt ihr sehen, dass die Europäer ihre Geschichte durchaus unterschiedlich beurteilen. Tatsächlich gehörten die meisten dieser Völker zur selben ethnischen Familie, den Germanen, den Vorfahren der Deutschen, so wie die Gallier die Vorfahren der Franzosen waren. Die Neuankömmlinge sind in vielen Ländern als »Barbaren« bezeichnet worden, weil ihre Zivilisation als minderwertig galt: Sie besaßen keine Schrift, ihre Kultur wurde in Erzählungen überliefert. Außerdem war ihre Ankunft im Römischen Reich keineswegs friedlich. Es war eine kriegerische Eroberung mit blutigen Kämpfen. Im Allgemeinen siegten die Barbaren, denn sie waren gute Metallverarbeiter und hatten daher bessere Waffen. Besonders ihr doppelschneidiges und gut geschmiedetes Schwert war sehr wirkungsvoll.

Die Völker mischen sich. Das Eindringen der »Barbaren« in das Römische Reich war nichts anderes als die letzte Episode einer Reihe von Austauschbeziehungen, die schon lange bestanden. Römer und Barbaren tauschten Waren aus, beeinflussten sich gegenseitig in ihrer Sprache und ihren Sitten. Die Neuankömmlinge waren nicht sehr zahlreich, aber sie waren die Stärkeren und beherrschten die seit langer Zeit sesshafte Bevölkerung.

Die Kultur der Bevölkerung, die unter römischem Einfluss gestanden hatte, wurde von den Einwanderern im Wesentlichen übernommen. Latein blieb die Sprache der Verwaltung, die Sprache der Mönche und Priester und auch die der meisten anderen Menschen. Auf lange Sicht passten sich die Einwanderer ihren Vorgängern an. Das war ein Glück für Europa. Die »ethnische Reinheit«, von der auf skandalöse Weise nicht nur im ehemaligen Jugoslawien die Rede ist – und die es im Übrigen gar nicht geben kann, da die Vermischung ein Gesetz menschlicher Gesellschaften ist –, ist im Allgemeinen unproduktiv und birgt wenig Vorteile.

Die aus Mischungsvorgängen hervorgegangenen Völker sind dagegen erfindungsreicher und vielfältiger, was ihre Kultur und ihre Leistungen betrifft. Die Vermischung von Völkern bedeutet Fortschritt. In Gallien zum Beispiel begünstigte die Verbindung der beiden größten Völker, der Gallier, die zu Gallorömern wurden, und der germanischen Franken, die sich bereits im 5. Jahrhundert dort niedergelassen hatten, die Herausbildung und Entwicklung des späteren Frankreich.

Ein Europa mit Brot und Wein – ein Europa mit Fleisch und Bier. Essgewohnheiten sind sehr wichtig, wenn man menschliche Gruppen beschreiben will. Im römischen Europa, geprägt durch das warme Klima und die Vegetation des Mittelmeeres, lebten Bauern; hier waren als Grundnahrungsmittel Brot und Wein verbreitet. Die Neuankömmlinge hingegen waren Jäger und Viehzüchter, sie aßen hauptsächlich Fleisch; sie tranken Met, ein Getränk aus vergorenem Honig. Als sie sesshaft wurden, stellten sie Bier her. Der Getreideanbau machte aus allen Europäern Brotesser – im Unterschied zu den Asiaten, die vor allen Dingen Reis essen, den Afrikanern, die Maniok essen, und den amerikanischen Ureinwohnern, bei denen Mais vorherrscht. Aber trotz der Verbreitung und des Austauschs von Getränken in ganz Europa gibt es noch heute im Norden und Osten ein Europa des Bieres und im Süden ein Europa des Weines. Ebenso wie das Brot wurde für die Europäer, außer für die Ärmsten, Fleisch zu einem gängigen Nahrungsmittel.

Die »Barbaren« sind die Gründer des Europas der Nationen. Die Neuankömmlinge übernahmen zwar alle die römische Kultur und ließen sich zum Christentum bekehren, spalteten sich aber politisch auf. Obwohl sie sich sehr nahe standen, bekämpften sie sich aufs heftigste.

Der fränkische Führer Chlodwig zum Beispiel brach von Tournai (im heutigen Belgien) aus auf, ließ sich dann in Soissons (im

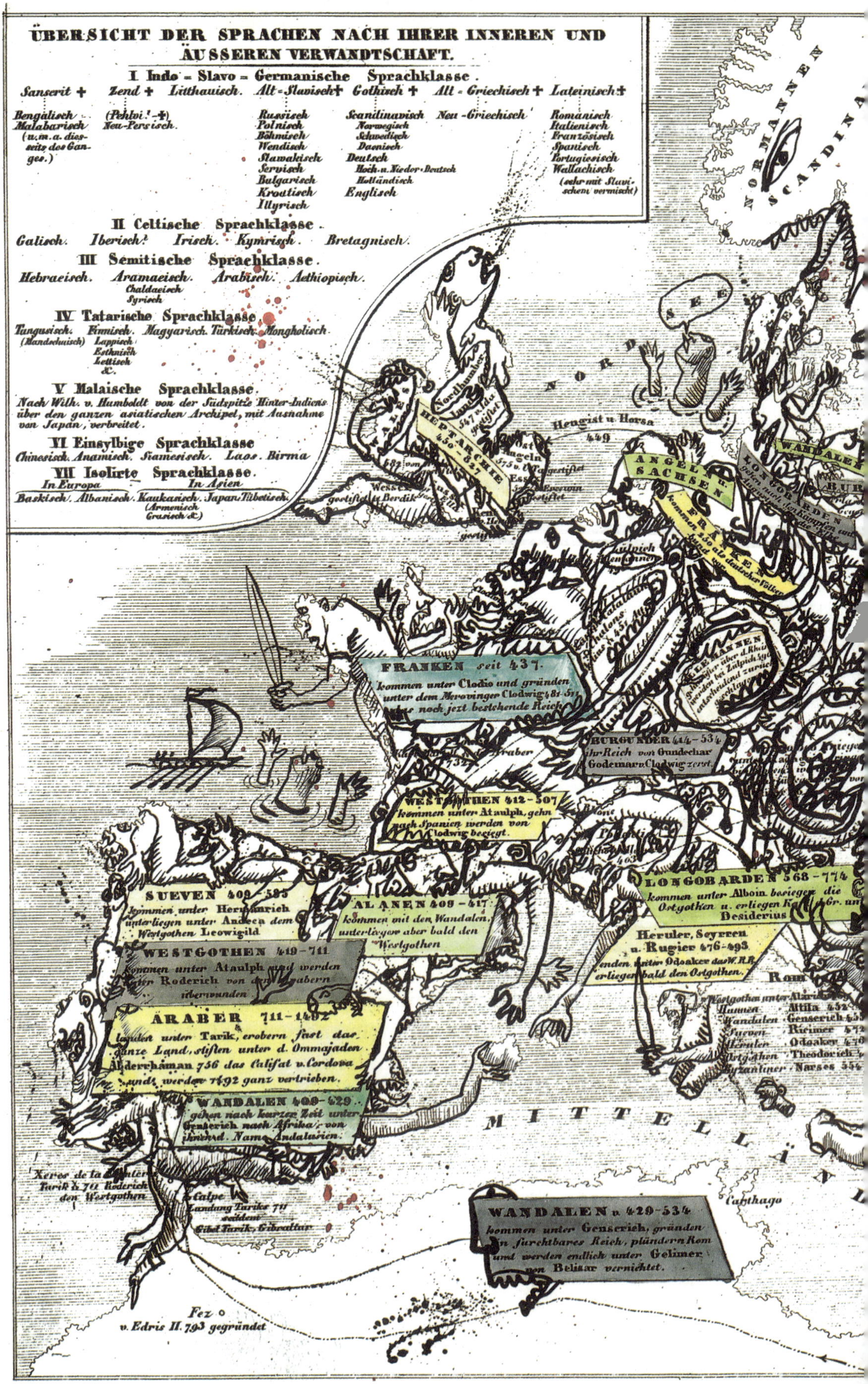

ÜBERSICHT DER SPRACHEN NACH IHRER INNEREN UND ÄUSSEREN VERWANDTSCHAFT.
I. Indo = Slavo = Germanische Sprachklasse.
Sanscrit + Zend + Litthauisch. Alt = Slavisch + Gothisch + Alt = Griechisch + Lateinisch +
Bengalisch Malabarisch (u.m.a. dies-seits des Ganges.)
(Pehlvi.) + Neu-Persisch.
Russisch Polnisch Böhmisch Wendisch Slawakisch Servisch Bulgarisch Kroatisch Illyrisch
Scandinavisch Norwegisch Schwedisch Daenisch Deutsch Hoch u. Nieder-Deutsch Holländisch Englisch
Neu-Griechisch
Romanisch Italienisch Französisch Spanisch Portugiesisch Wallachisch (sehr mit Slavischem vermischt)
II Celtische Sprachklasse.
Galisch. Iberisch? Irisch. Kymrisch. Bretagnisch.
III Semitische Sprachklasse.
Hebraeisch. Aramaeisch. Chaldaeisch Syrisch Arabisch. Aethiopisch.
IV Tatarische Sprachklasse
Tungusisch. (Mandschuisch) Finnisch. Lappisch Esthnisch Lettisch &c. Magyarisch. Türkisch. Mongholisch
V Malaische Sprachklasse.
Nach Wilh. v. Humboldt von der Südspitze Hinter-Indiens über den ganzen asiatischen Archipel, mit Ausnahme von Japan, verbreitet.
VI Einsylbige Sprachklasse
Chinesisch. Anamisch. Siamesisch. Laos. Birma
VII Isolirte Sprachklasse.
In Europa: Baskisch. Albanisch.
In Asien: Kaukasisch. (Armenisch Grusisch &c.) Japan. Tibetisch.
NORMANNEN
SCANDINA
NORD SEE
HEPTARCHIE 450–827
Hengist u. Horsa 449
ANGELN u. SACHSEN
WANDALEN
LONGOBARDEN
FRANKEN
FRANKEN seit 437. kommen unter Clodio und gründen unter dem Merovinger Clodwig 481–511 das noch jetzt bestehende Reich
BURGUNDER 414–534 ihr Reich von Gundechar Godemar v. Clodwig zerst.
WESTGOTHEN 412–507 kommen unter Ataulph, gehn nach Spanien werden von Clodwig besiegt.
LONGOBARDEN 568–774 kommen unter Alboin besiegen die Ostgothen u. erliegen Karl d. Gr. und Desiderius
Heruler, Scyrren u. Rugier 476–493 enden unter Odoaker das W. R. R. erliegen bald den Ostgothen.
SUEVEN 409–585 kommen unter Hermanrich unterliegen unter Andeca dem Westgothen Leowigild
ALANEN 409–417 kommen mit den Wandalen, unterliegen aber bald den Westgothen
WESTGOTHEN 419–711 kommen unter Ataulph und werden unter Roderich von den Arabern überwunden
ARABER 711–1492 landen unter Tarik, erobern fast das ganze Land, stiften unter d. Ommajaden Abderhaman 756 das Califat v. Cordova und werden 1492 ganz vertrieben.
WANDALEN 409–429 gehen nach kurzer Zeit unter Genserich nach Afrika; von ihnend. Name Andalusien.
Rom
Westgothen unter Alarich
Hunnen Attila 452
Wandalen Genserich 455
Sueven Ricimer 472
Heruler Odoaker 476
Ostgothen Theodorich
Byzantiner Narses 554
MITTELLÄNDI
Xeres de la Frontera Tarik 711 Roderich den Westgothen
Calpe Landung Tariks 711
Gibel Tarik, Gibraltar
WANDALEN v. 429–534 kommen unter Genserich, gründen ein furchtbares Reich, plündern Rom und werden endlich unter Gelimer von Belisar vernichtet.
Carthago
Fez
v. Edris II. 793 gegründet

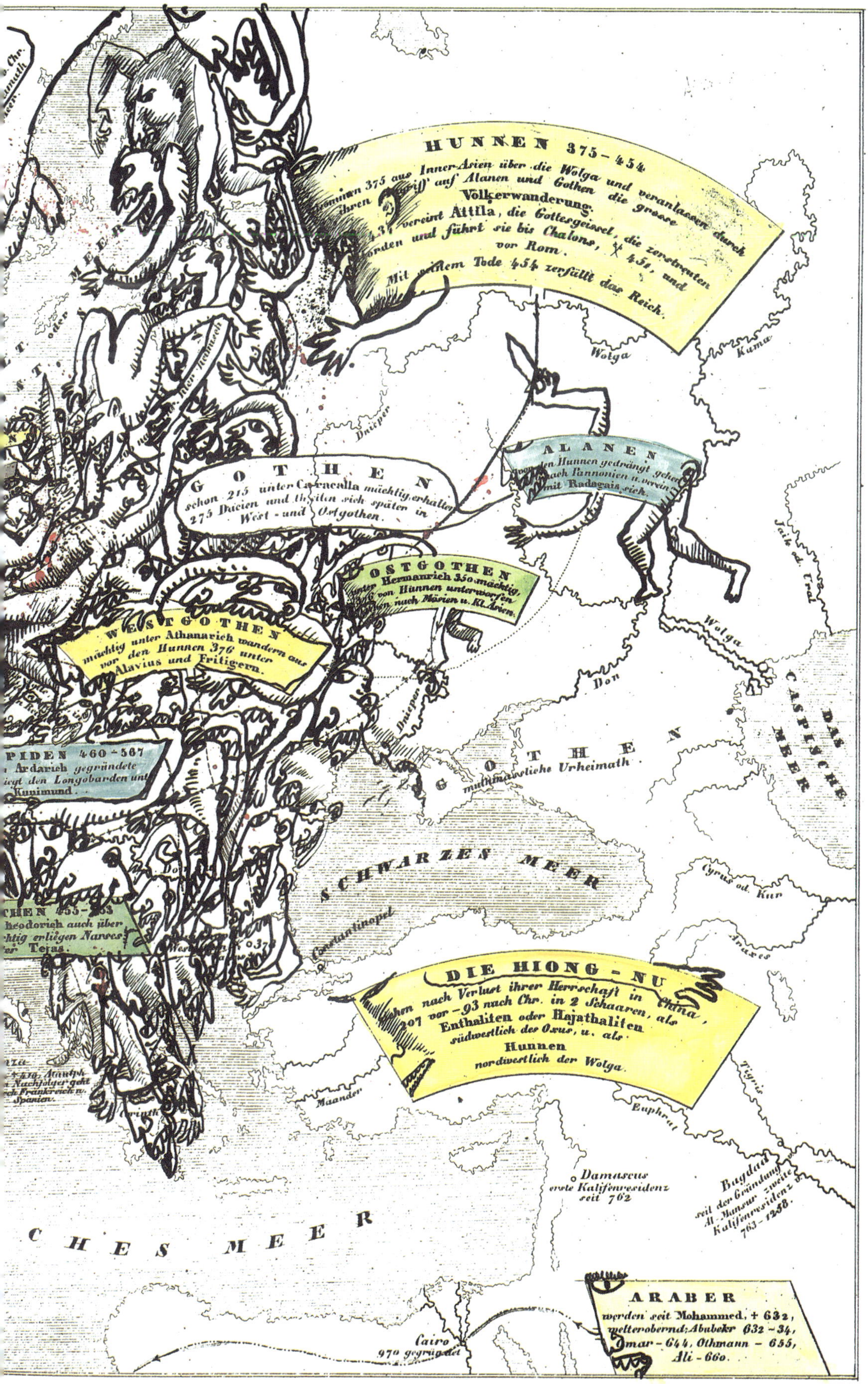

HUNNEN 375–454
375 aus Inner-Asien über die Wolga und veranlassen durch
ihren Angriff auf Alanen und Gothen die grosse
Völkerwanderung.
vereint Attila, die Gottesgeissel, die zerstreuten
und führt sie bis Chalons, 451, und
vor Rom.
Mit seinem Tode 454 zerfällt das Reich.
Wolga
Kama
Dniepr
ALANEN
von den Hunnen gedrängt gehen
nach Pannonien u. verein
mit Radagais sich.
GOTHEN
schon 215 unter Caracalla mächtig, erhalten
275 Dacien und theilen sich später in
West- und Ostgothen.
OSTGOTHEN
unter Hermanrich 350 mächtig,
von Hunnen unterworfen
nach Mösien u. Kl. Asien.
WESTGOTHEN
mächtig unter Athanarich wandern aus
vor den Hunnen 376 unter
Alavius und Fritigern.
Wolga
Don
Dniepr
GOTHEN
muthmaassliche Urheimath
DAS CASPISCHE MEER
SCHWARZES MEER
Constantinopel
Cyrus od. Kur
Araxes
DIE HIONG-NU
nach Verlust ihrer Herrschaft in China,
207 vor – 93 nach Chr. in 2 Schaaren, als
Enthaliten oder Hajathaliten
südwestlich des Oxus, u. als
Hunnen
nordwestlich der Wolga.
Maander
Tigris
Euphrat
Damascus
erste Kalifenresidenz
seit 762
Bagdad
seit der Gründung
Al-Mansur zweite
Kalifenresidenz
763–1258.
MEER
ARABER
werden seit Mohammed, † 632,
welterobernd; Abubekr 632–34,
Omar – 644, Othmann – 655,
Ali – 660.
Cairo
970 gegründet

heutigen Frankreich) nieder, nahm den christlichen Glauben an, schlug die Westgoten in Spanien, zerstörte das Reich der Burgunden, die Burgund ihren Namen gaben, und erkor schließlich Paris zu seiner Hauptstadt. Die wichtigsten Führer nahmen die Bezeichnung »König« an.

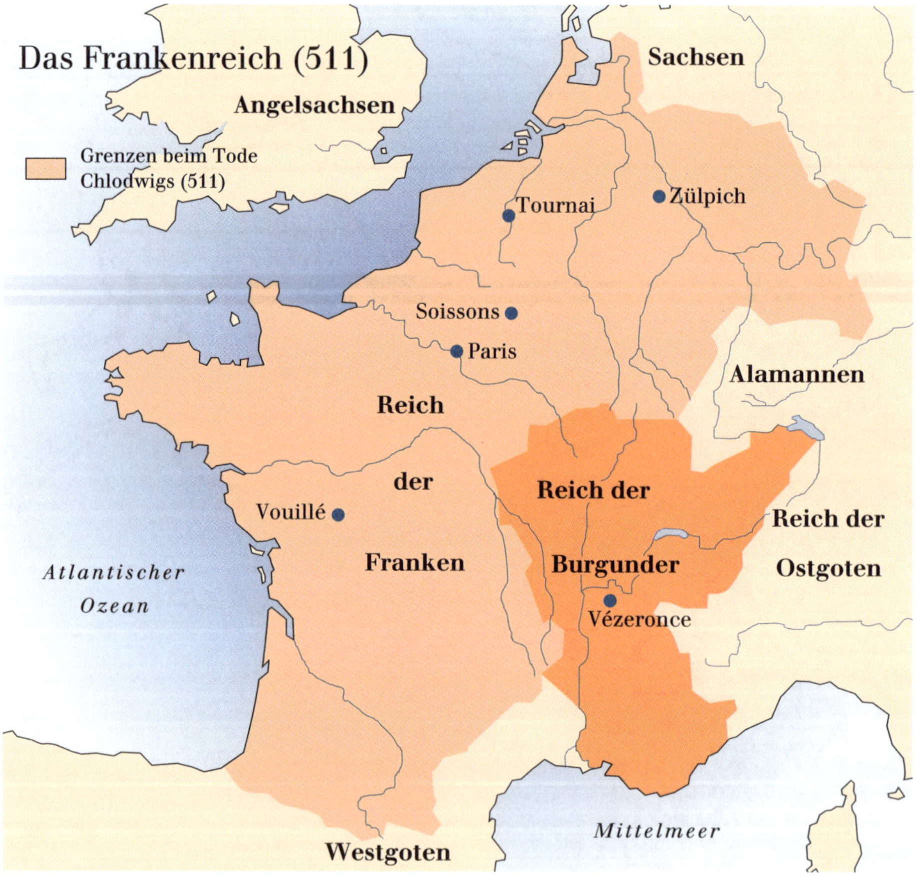

Ihre Reichsgründungen stellen eine wichtige Etappe in der Entstehungsgeschichte der heutigen europäischen Staaten dar. Auf diese Weise nahmen Großbritannien, Frankreich, Spanien und später Deutschland allmählich Gestalt an. In Italien war die Situation etwas komplizierter.

Die Bekehrung zum Christentum: Ein »Reisepass« nach Europa. Nach und nach nahmen all diese »Barbaren« den christlichen Glauben an. Im mittelalterlichen Europa war die Annahme des christlich-römischen Glaubens gleichbedeutend damit, dass ein Volk zu einer Nation und »zivilisiert« wurde. Es entsprach in etwa der heutigen Aufnahme in die UNO.

Karl der Große – der erste Europäer? Die fränkische Dynastie der Karolinger vereinte im 8. und 9. Jahrhundert den größten Teil der Christenheit unter ihrer Herrschaft: Gallien, Germanien und Italien. Selbst nach ihrer Teilung sollten diese Gebiete für lange Zeit das Herz Europas bleiben. Das Karolinger-Reich ist untergegangen, aber es hat Europa ein sehr wichtiges Erbe hinterlassen.

Die Krönung von Karl dem Großen

Deutschland und Frankreich: Partner oder Feinde? Im Jahr 800 ließ sich Karl der Große vom Papst in Rom zum Kaiser krönen. Er hat dem damaligen »Westeuropa«, das von der Nordsee bis zum Mittelmeer und vom Atlantik bis zur Elbe reichte, erstmals eine politische Form gegeben. Die Britischen Inseln, der größte Teil der von den Arabern eroberten Iberischen Halbinsel sowie die heidnischen Völker im Norden und Osten Europas gehörten allerdings nicht dazu. Als das Reich unter den (drei – nicht vier, wie es unser Zeichner zeigt) Enkeln Karls des Großen aufgeteilt wurde, entstand mit Italien,

Frankreich (Westfranken) und Deutschland (Ostfranken) ein neues Europa der Nationen. Die beiden letzteren bildeten das entscheidende Gespann des künftigen Europa. Eine unscharf abgegrenzte Zone zwischen ihnen bot häufig Anlass zu Zwistigkeiten unter beiden Nationen, die bis 1945 vielfach verfeindet waren.

Eine europäische Kultur entsteht: Gelehrte und Gemälde. Karl der Große und seine Berater hinterließen Europa den Entwurf einer gemeinsamen Kultur. Dies war die erste europäische »Renaissance«. Sie vereinte das Christentum mit der wieder entdeckten großen antiken römischen Kultur.

Dieses Europa umfasste ganz Westeuropa. Karl der Große und seine Nachfolger beriefen fränkische, italienische, deutsche, spanische, angelsächsische und irische Gelehrte als Berater an ihren Hof. Andererseits trug Karl der Große auch wesentlich dazu bei, das lateinische Westeuropa vom griechischen Osteuropa zu trennen. Er ersparte »seinem« Europa jedoch die Bilderstürmerei in der Kunst, indem er sich im Gegensatz zur jüdischen und muslimischen Religion dafür aussprach, dass man Gott, die Heiligen und Menschen in der Malerei und Bildhauerkunst darstellen dürfe. Für die Entwicklung der europäischen Kunst und des Humanismus, der sich auch in der Kunst ausdrückte, war diese Entscheidung wesentlich. Was wären unsere Kirchen, unsere Paläste, unsere Museen, unsere Häuser ohne diese Bilder?

Der Tod eines Europäers im 8. Jahrhundert. *Das Rolandslied*, ein berühmtes Heldenepos, erzählt vom Tod des Roland, dem Neffen Karls des Großen. Er wurde im Jahre 778 bei Roncesvalles in den Pyrenäen getötet, als er von einem Feldzug in Nordspanien gegen die Muslime zurückkehrte. Unter den Gefallenen war auch Eggihard, eine hochrangige Persönlichkeit des Hofes. Die Inschrift auf seinem Grab lautet: »Italien beweint ihn, dem Frankenreich bricht es das Herz, Aquitanien und Germanien liegen in Trauer.« Zeigt das nicht, was damals, schon vor der Krönung Karls des Großen, ein richtiger Europäer war?

Neue Europäer kommen dazu. Europa ist unaufhörlich durch Einwanderer bereichert worden. Vom 9. bis zum 11. Jahrhundert kamen neue Völker zur Christenheit, also Europa, hinzu.

Auf westlicher Seite kamen Ostgermanen, Ungarn und ein Teil der slawischen Völker (Polen, Tschechen, Slowaken, Slowenen und Kroaten) zum römisch-christlichen Europa. Auf östlicher Seite stießen das größte slawische Volk, die Russen, und dann die auf dem Balkan lebenden Slawen, Bulgaren und Serben zum griechisch-christlichen Europa. Auf römischer Seite waren Preußen und Litauer die letzten Heiden, die Europa beitraten.

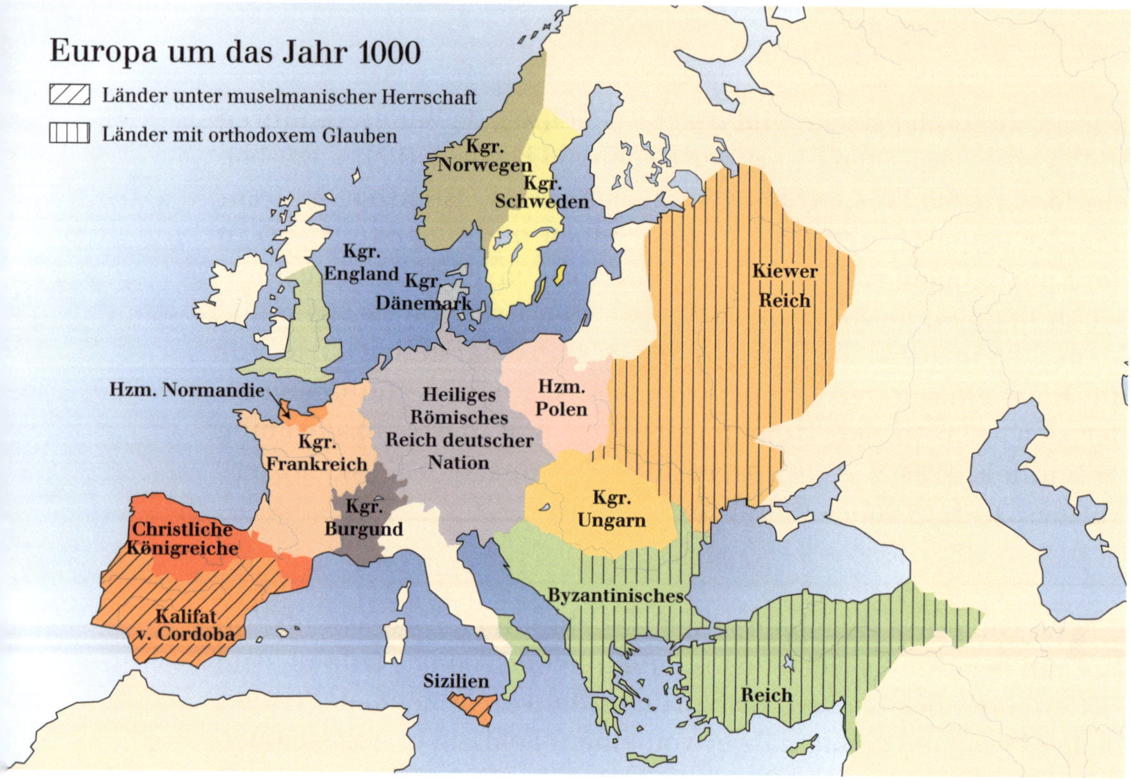

Die Normannen: Ein Volk von Seefahrern und Eroberern. Unter den Neuankömmlingen waren auch die Normannen aus Skandinavien, die sich in Nordfrankreich niederließen und der Normandie ihren Namen gaben; sie eroberten Großbritannien im 11. Jahrhundert. Andere ließen sich in Süditalien nieder, wo sie das Königreich von Neapel und Sizilien gründeten. So kam es zu neuen Mischvölkern in Europa. In Süditalien etwa mischten sich die Normannen mit der alten Bevölkerung des Römischen Reichs, mit Griechen und mit Deutschen.

Die spanischen Muslime verlassen Europa, die Türken kommen. Die Christen der Iberischen Halbinsel haben die Muslime zunächst aus Portugal und später endgültig aus Spanien vertrieben, indem sie 1492 das Königreich von Granada zurückeroberten.

In Osteuropa aber zerstörten die Türken im 15. und 16. Jahrhundert das Byzantinische Reich (1453 nahmen sie Konstantinopel ein und eroberten Griechenland und den größten Teil des Balkans: das heutige Rumänien, Bulgarien, Albanien, das ehemalige Jugoslawien). Erst im 20. Jahrhundert wurden die Türken aus Europa vertrieben – mit Ausnahme eines kleinen Gebiets um Konstantinopel (das heutige Istanbul).

Auf diese Weise wurde das Mosaik der europäischen Völker immer bunter.

Die glücklose Eroberung eines leeren Grabes: Die Kreuzzüge. Im 11. Jahrhundert hatte die römische Kirche die lateinischen Christen dazu gedrängt, Palästina (die Wiege des Christentums) und vor allem Jerusalem zu erobern. In dieser Stadt war Jesus gekreuzigt worden und an der Stelle, wo sein Leichnam vor seiner Wiederauferstehung niedergebettet worden war, hatte man die Grabeskirche errichtet. Da die Feldzüge unter dem Zeichen des Kreuzes durchgeführt wurden, nannte man sie Kreuzzüge. Sie hatten die Gründung christlicher Staaten in Jerusalem und im Vorderen Orient zur Folge. Bei den lateinischen Europäern stärkten sie das Gefühl der Zugehörigkeit zu einer Gemeinschaft. Aber sie ver-

schlangen Unsummen und am Ende des 13. Jahrhunderts waren sie endgültig gescheitert. Sie hatten militärische Expansionsgelüste der Westeuropäer geweckt und bei den Muslimen das Gefühl, es sei als Reaktion darauf ein heiliger Krieg nötig. Die verhängnisvollen Folgen der Kreuzzüge sind noch heute zu spüren, wie stark auch immer der Glauben und der Mut, den sie bei manchen Christen ausgelöst haben, gewesen sein mögen. Die Europäer verdanken ihnen – so kann man sagen – einzig und allein die Aprikose, eine bis dahin in Europa unbekannte Frucht.

Die Juden werden in Europa verfolgt. Seit der Zerstörung Jerusalems durch die Römer im 1. und 2. Jahrhundert nach Chr. lebten die Juden, eine durch Religion und Sitten sehr eigenständige Bevölkerungsgruppe, in fast ganz Europa verstreut. Sie wohnten in zahlreichen, meist kleinen Gemeinden, überwiegend in den Städten, getrennt von den Christen. Die christliche Kirche verurteilte die jüdische Religion, die Christus nicht als Retter, als Messias, betrachtete. Während des ersten Jahrtausends lebten Christen und Juden in Europa jedoch recht friedlich zusammen. Der Kreuzzugsgedanke, die wachsende Verärgerung der Christen über die Juden, die Geld gegen Zinsen verleihen durften (was den Christen untersagt war) und daher als Wucherer angesehen wurden, verwandelte die Gefühle der Christen den Juden gegenüber nach und nach in Hass. Ab dem Ende des 12. Jahrhunderts wurden die jüdischen Europäer Opfer von Verfolgungen, schließlich kam es auch zu spontanen oder geplanten Massakern. Christliche Könige verjagten sie aus ihrem Reich, wie etwa die Könige von Großbritannien, Frankreich, Spanien und Portugal. Erst in der Französischen Revolution wurde ihnen die Gleichheit mit den anderen Bürgern in Frankreich zuerkannt und später erhielten sie sie auch in den meisten anderen europäischen Staaten. Die feindliche Einstellung gegenüber den Juden und ihrer Religion wurde jedoch erst im 19. und 20. Jahrhundert durch scheinbar wissenschaftliche Theorien über die Rasse wirklich zum Antisemitismus. Dieser moralische Verfall führte zu dem grausamen Völkermord durch die Nazis, der Ermordung von Millionen von Juden in den Konzentrationslagern und den Gaskammern während des Zweiten Weltkrieges. Auschwitz ist der schrecklichste und symbolkräftigste Ort für den Holocaust (so nennt man die systematische Ermordung der Juden) oder, in hebräischer Sprache, die Shoa. In Osteuropa überlebten zahlreiche jüdische Gemeinden, aber auch sie unterlagen häufig der Verfolgung, wozu auch blutige Pogrome gehörten.*

Der antisemitische Rassismus, der heute leider noch immer nicht vollständig verschwunden ist, gehört zu den erbärmlichsten Erscheinungen der Geschichte Europas.

Auch die »Zigeuner«. Das aus Indien stammende Wandervolk kam im 15. Jahrhundert nach Europa und wurde dort an den Rand der Gesellschaft gedrängt. Auch diese Menschen wurden verfolgt und die Nazis ermordeten viele von ihnen. Sie nennen sich selbst »Roma« – bis auf die schon lange in Deutschland ansässigen: Sie heißen Sinti.

Das Mittelalter: Eine entscheidende Phase für die Bildung Europas. Das vom 5. bis zum 15. Jahrhundert dauernde Mittelalter erlebte, wie sich in Europa die wichtigsten Elemente für die Bildung einer europäischen Gemeinschaft herausformten.

Die Feudalherrschaft regiert überall: Beziehungen von Mann zu Mann. In Europa herrschte nun in allen Ländern eine ähnliche wirtschaftliche, soziale und politische Ordnung: die Feudalherrschaft. Adlige (die Lehnsherren), die zumeist in Burgen wohnten, herrschten in einem Lehnsgebiet über eine Bevölkerung von

* »Pogrom« ist die Bezeichnung für ein Massaker an einer jüdischen Gemeinde, das von einer Gruppe judenfeindlicher Rassisten (Antisemiten) begangen wird.

Familienoberhäuptern niederen Adels, die Vasallen, und über eine große Anzahl von Bauern. Das Wichtigste waren die Beziehungen von Mann zu Mann, die Treue zum Herrn und als Ausgleich dessen Schutz.

Ein einziger Gott, eine einzige Kirche. In ganz Europa herrschte die Kirche, insbesondere im Westen. Nach und nach stieg der Papst zum alleinigen kirchlichen Herrscher auf. Vom 15. Jahrhundert bis 1978, als der polnische Papst Johannes Paul II. gewählt wurde, waren alle Päpste Italiener.

Dem Papst unterstanden die Kardinäle – auch sie kamen lange Zeit vor allem aus Italien und Frankreich –, Erzbischöfe, Bischöfe und Pfarrer. Überall regierten diese über die gleichen kirchlichen Gebiete: Erzbistümer, Bistümer und Pfarreien.

Städte, Händler, Schulen. Bis zum 20. Jahrhundert waren die meisten Europäer Bauern und Landbewohner. Wir dürfen nicht vergessen, dass die wenigen Landwirte, die es heute noch gibt, die Nachfolger von 90 Prozent der europäischen Bevölkerung aus der Zeit vor der Industrialisierung im 18. und 19. Jahrhundert darstellen. Aber im Mittelalter entstanden oder entwickelten sich auch zahlreiche Städte: Die bedeutendsten waren Sitz von Königen und von Fürsten und deren Verwaltung. Und

dort befanden sich auch die Zentren wirtschaftlicher Aktivitäten mit Handwerkern, Märkten und Messen; zum Beispiel die Messen in Leipzig und Frankfurt am Main oder in der Champagne im 12. und 13. Jahrhundert. Ein neuer Beruf tauchte auf: Die Händler, deren reichste Vertreter in ganz Europa und sogar in Asien und Afrika Handel trieben und die gleichzeitig auch Bankiers waren. Die mächtigsten von ihnen waren Italiener (Florentiner, Genuesen und Venezianer) sowie Flamen und Deutsche, die sich in einer großen Handelsvereinigung zusammengeschlossen hatten: Das war die Hanse von London und Brügge, von Antwerpen, Hamburg, Lübeck, Danzig (dem heutigen Gdańsk in Polen) und Riga. Der Umlauf von Gold- und Silbermünzen wuchs stark an, aber es gab viele unterschiedliche Münzen (der Florentiner aus Florenz und der venezianische Dukaten hatten das größte Ansehen). Der Geldwechsel war kompliziert und die Tatsache, dass es keine einheitliche Währung gab, hemmte die Entwicklung eines auf Geld gegründeten Wirtschaftssystems, des Kapitalismus.

Die Städte waren auch kulturelle Zentren. Sie gründeten Schulen, in denen vor allem Bürgerkinder Lesen, Schreiben und Rechnen lernten. In manchen Städten riefen Lehrer- und Schülervereinigungen Schulen für höhere Bildung ins Leben: die ersten Universitäten. Die beiden berühmtesten waren Bologna für das Studium der Rechte und Paris für die Theologie. In Salerno und in Montpellier wurde auch Medizin unterrichtet. Weitere Gründungen erfolgten in Großbritannien (Cambridge, Oxford), Spanien (Salamanca), Portugal (Coïmbra), Böhmen (Prag), Polen (Krakau), Österreich (Wien) und Deutschland (Heidelberg). Die Studenten und ihre Lehrmeister, die in ganz Europa von einer Universität zur anderen reisten, bewirkten eine Flut handgeschriebener Bücher und begründeten einen neuen Weg des sozialen Aufstiegs durch das Ablegen von Prüfungen. Und auch die Sommerferien verdanken wir ihnen.

Außerdem waren die Städte auch künstlerische Zentren. Ab dem Jahr 1000 entstand ein neuer Architektur- und Bildhauerstil: die romanische Kunst. Im 12. Jahrhundert löste die gotische Kunst die Romanik in den Städten ab und ließ nun Licht durch große Fenster in die Kirchen hinein – dank der vielfarbigen Kirchenfenster war es hauptsächlich farbiges Licht. Das seit der Antike in Vergessenheit geratene Theater lebte wieder auf; es entstanden viele Feste, deren lebhaftestes der Karneval war. Die Menschen in den Städten kamen zu Wohlstand, sie lernten, sie amüsierten sich. Aber es gab auch viele Arme und Verbrecher. Elend und Kriminalität entwikkelten sich mit den Städten.

Staaten und Fürsten. Über den Feudalherren standen vom 13. bis zum 16. Jahrhundert in fast ganz Europa Könige und Fürsten, sowohl in den großen Territorien – den Königreichen und Fürstentümern – als auch in den kleineren Territorien um die mittleren und großen Städte herum. Bedeutende Städte in Italien und Deutschland waren Venedig, Mailand, Florenz, Köln, Frankfurt oder Nürnberg. Die mächtigsten und bestorganisierten Staaten waren Großbritannien und Frankreich, später Spanien und Portugal. Über den Königen stand nach allgemeiner Vorstellung eine abstrakte Macht, der diese dienen sollten – das, was wir heute den »Staat« nennen und was damals die »Krone« genannt wurde. Versammlungen von Kirchenmännern, Adligen und Bürgern bemühten sich, die königliche Macht zu kontrollieren: In Frankreich und Großbritannien hießen sie Parlamente, in Spanien *cortes*. Das einzige Land, in dem ihnen das wirklich gelang, war Großbritannien, wo der König nicht die absolute Macht hatte. Einziges Mittel, seiner Unzufriedenheit Ausdruck zu verleihen, war für das Volk der Aufstand. Zwei Städte, in denen es zahlreiche Aufstände gab, waren Rom (gegen den Kaiser und den Papst) und Paris (gegen die königliche Macht). Die Könige übertrugen einen großen Teil der Justiz- und Finanzverwaltung an fachlich gebildete Bedienstete, die Beamten. Die Regierung wurde immer stärker bürokratisiert.

Angesichts der wachsenden Bedeutung der Staaten und der Städte verlor der Kaiser (seit Karl dem Großen immer ein Deutscher) zunehmend an Macht. Sein Amt war mit Ansehen verbunden, nicht aber mit Macht.

Europa entdeckt durch Zufall einen Kontinent und kolonisiert ihn: Amerika. Im Jahr 1492 entdeckte Christoph Kolumbus, ein Italiener aus Genua – in Portugal ausgebildet und im Dienste Spaniens aufgebrochen –, auf der Suche nach einem Seeweg nach Indien in westlicher Richtung, ohne es zu wissen, einen vierten Kontinent. Diese Tatsache erkannte erst wenige Jahre später ein anderer Italiener. Das war Amerigo Vespucci, dem der neue Kontinent seinen Namen verdankt: Amerika.

Die größten Seefahrervölker Europas eroberten und besiedelten den neuen Kontinent: Portugiesen und Spanier ließen sich in Südamerika und dem Süden Nordamerikas nieder; Franzosen, Engländer und Holländer im Osten Nordamerikas. Sie machten daraus ein neues Europa: Neu-Spanien, Neu-Frankreich, Neu-Großbritannien, Neu-Orléans (New Orleans), Neu-Amsterdam (New York) und so weiter.

Ruhm und Schande. Den Preis für diese ruhmvollen Eroberungen zahlten jedoch die Ureinwohner: Sie wurden Opfer von grausamen Massakern. Alkohol und Krankheiten, die von den Europäern eingeführt wurden, hatten verheerende Folgen. Die Eroberer vernichteten große Kulturen (der Azteken, Maya und Inka) und zwangen den Indianern die europäischen Gewohnheiten und vor allem die christliche Religion auf. Die Schmach der europäischen Kolonialisierung wurde noch vergrößert: Millionen von Afrikanern wurden versklavt und nach Amerika gebracht, um die Ländereien der Europäer zu bewirtschaften. Der Sklavenhandel existierte bis in die Mitte des 19. Jahrhunderts – das ist die Wurzel eines Problems, das in den Vereinigten Staaten noch heute gravierend ist.

Die Vereinigten Staaten verkörpern die Mischung aus Fortschritt und Verbrechen, die die Europäer nach Amerika gebracht haben: Seit ihrer Unabhängigkeit 1776 waren sie die erste demokratische Nation der Welt, aber es bedurfte erst – mitten im 19. Jahrhundert – eines schrecklichen Bürgerkrieges, um die Sklaverei der Schwarzen abzuschaffen. Diesen Krieg könnt ihr in vielen amerikanischen Filmen sehen, zum Beispiel in *Vom Winde verweht*.

Bermudas oder Sommer I.
1819 an die verein. Staaten abgetreten
S. Salvador od. Guanahani (Columbus 12 Oct. 1492.)
Gallopagos I.
DIE SÜD-SEE od. DER GROSSE OCEAN
S. Felix
S. Ambrosio
Coquimbo
Juan Fernando
Rio Janeiro 1711 von den Franz.
Maloninen od. Falklands I.
Davis 1592 entd.
Neu od. Sud-Georgien

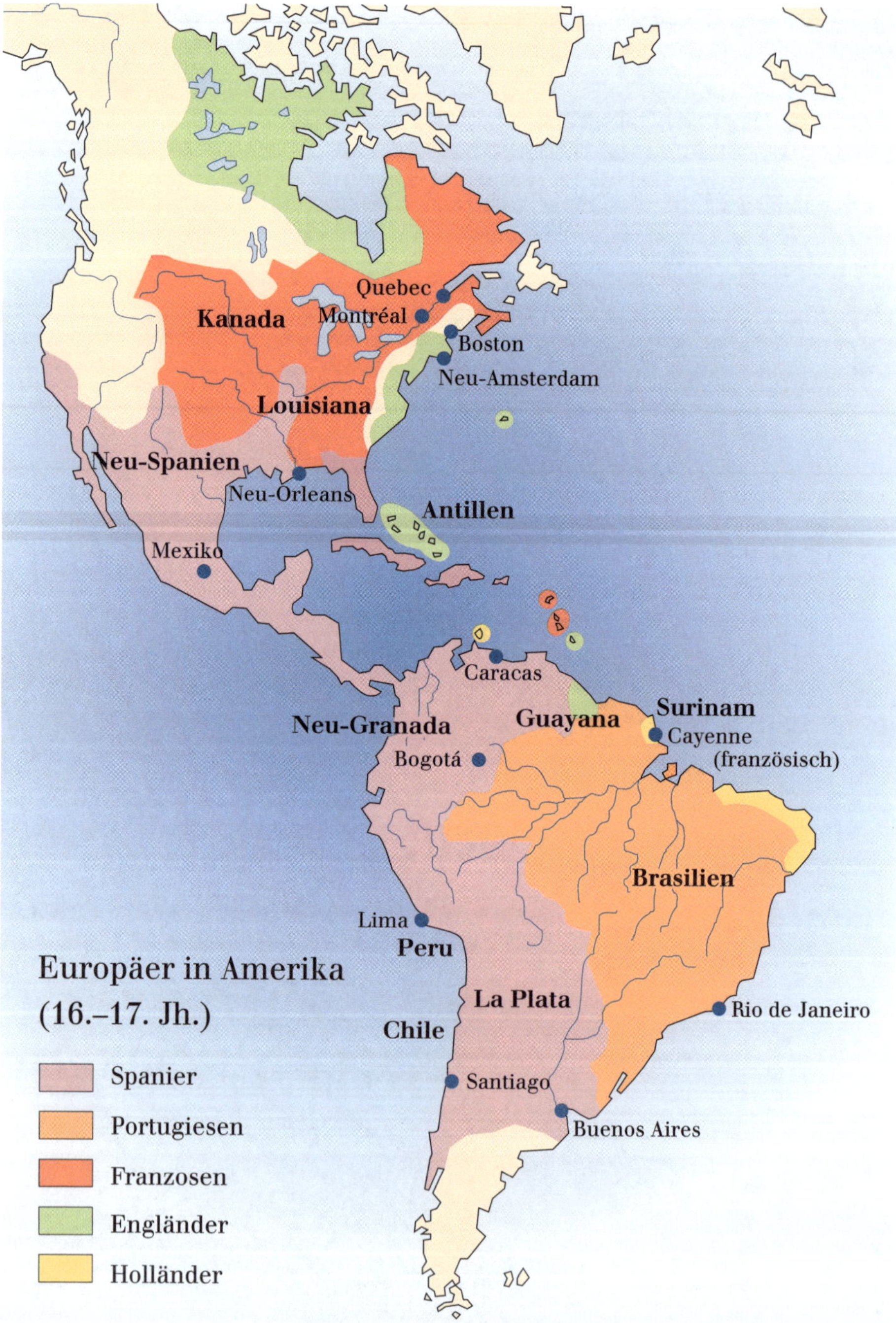
Quebec
Kanada
Montréal
Boston
Neu-Amsterdam
Louisiana
Neu-Spanien
Neu-Orleans
Antillen
Mexiko
Caracas
Surinam
Neu-Granada
Guayana
Cayenne
(französisch)
Bogotá
Brasilien
Lima
Peru
Europäer in Amerika
(16.–17. Jh.)
La Plata
Rio de Janeiro
Chile
Spanier
Santiago
Portugiesen
Buenos Aires
Franzosen
Engländer
Holländer

Die Schweizer Bergbewohner begründen die Demokratie in Europa. Im Jahr 1291 schlossen die Bergbewohner dreier Alpenkantone einen ewigen Bund. Das war der Beginn der »helvetischen Konföderation« (der »Confoederatio Helvetica«, CH), die die großen Alpenpässe kontrollierte. Die Bewohner wählten nach dem demokratischen Prinzip, nach dem jeder Bewohner eine Stimme hat, ihre Anführer, die allen über ihre Herrschaft Rechenschaft ablegen mussten. Von da an war die Schweiz ein eigenständiges Land, das Gleichheit und Unabhängigkeit zur Grundlage hat. Diese Unabhängigkeit äußerte sich im 20. Jahrhundert in der Ablehnung, einem der Machtblöcke anzugehören, die sich feindlich gegenüberstanden. Wegen ihrer Neutralität wurde die Schweiz im 19. Jahrhundert zum Sitz internationaler Organisationen, die im Dienste der Menschen aller Länder stehen, wie etwa das Rote Kreuz, oder politischer Organisationen, die internationale Konflikte zu vermeiden versuchen, wie etwa der Völkerbund in der Zeit zwischen den beiden großen Kriegen des 20. Jahrhunderts. Der Wille, ihre

Unabhängigkeit zu bewahren, hat die Schweizer bis heute dazu gebracht, den Beitritt zum vereinten Europa abzulehnen. Aber sie stehen weiter im Zentrum Europas.

Europa erblüht: Renaissance und Humanismus. Nach einer langen Krise im 14. und 15. Jahrhundert kam Europa wieder auf die Beine. Die europäische Geschichte ist auch eine Abfolge von Wohlstandsphasen und Krisenzeiten. Es gibt immer Wachstumsschwierigkeiten vor einer neuen Phase des Fortschritts. Zwischen 1945 und 1975 zum Beispiel hat Europa eine Phase des Aufschwungs und des Wohlstands erlebt, die man in Deutschland das »Wirtschaftswunder« nennt – und seitdem befindet es sich in einer Krise, deren auffallendstes und gravierendstes Zeichen die Arbeitslosigkeit ist.

Im 16. Jahrhundert steckten die meisten Europäer noch im Mittelalter, aber die Veränderungen beschleunigten sich, die großen Entdeckungen bewirkten ein stärkeres Interesse an neuen Welten. Der Zustrom von Edelmetallen aus Amerika – Gold und Silber – ermöglichte die Vermehrung des umlaufenden Geldes. Der neu erfundene Buchdruck verbreitete Wissen und Kultur. Eine neue künstlerische Blüte, die erneut an die Antike anknüpfte – die Renaissance –, war geprägt von einer Atmosphäre des Luxus und großen Festen. Sie erblühte vor allem an Königs- und Fürstenhöfen. Die Renaissance hatte in Italien begonnen und verbreitete sich von dort aus über ganz Europa. Frankreich trug zu dieser Entwicklung mit glanzvollen Prachtbauten bei: den Schlössern an der Loire.

Die italienische Renaissance hatte ihre Wurzeln nicht nur in der römischen, sondern auch in der griechischen Antike; deren Kenntnisse brachten Künstler und Gelehrte, die nach der Eroberung Konstantinopels durch die Türken geflohen waren, in den Westen. Wie schon im antiken Griechenland rückte der Mensch wieder in den Mittelpunkt von Wis-

sen und Kultur, ebenso in der Kunst. Das bringt etwa die große, von Michelangelo, dem größten Künstler der Renaissance, geschaffene David-Statue in Florenz zum Ausdruck. Ein kritischer Geist entwickelte sich. Die Philologie – die wissenschaftliche Untersuchung von Texten – korrigierte die alten Texte, die von Schreibern fehlerhaft überliefert worden waren. Ein gewisser Geist der Toleranz entstand. Das bedeutendste Beispiel dafür ist ein Holländer, Erasmus von Rotterdam (um 1469–1536), der in Frankreich, Großbritannien, Italien, den Niederlanden und schließlich in der deutschen (heute Schweizer) Stadt Basel gelebt, unterrichtet und geschrieben hat. Er versuchte den antiken und den protestantischen Geist miteinander zu verbinden. Er verkörperte die Universitätskultur Europas und ihre Geisteshaltung: Europäische Forschungsprogramme und Stipendien für Studenten, die in einem anderen europäischen Land studieren, tragen heute seinen Namen.

Europa teilt sich: Katholiken und Protestanten. Der Reichtum der Kirche, die verdorbenen Sitten des römischen Klerus, angefangen bei den Päpsten, sowie die Vernachlässigung der biblischen Gebote von Brüderlichkeit und Liebe machten manche Christen unzufrieden. Sie begannen sich gegen die Kirche aufzulehnen und verließen sie. Das waren die Reformierten oder Protestanten, deren bedeutendste Führer Martin Luther in Deutschland und Johann Calvin in Genf waren. Sie lehnten die Autorität des Papstes, den Marien- und den Heiligenkult und die Theologie des Mittelalters ab. Sie wollten zur Heiligen Schrift und zu den Kirchenvätern zurückkehren. Sie schafften die Klöster ab und Priester (oder Pastoren) durften nun heiraten.

Der Protestantismus setzte sich in Nordeuropa, von Großbritannien bis zu den Niederlanden und den skandinavischen Ländern, durch. In Südeuropa (Italien, Spanien, Portugal) blieb der Katholizismus bestehen. Die beiden Formen des Christentums teilten Deutschland unter sich auf, in Frankreich hingegen blieben die Protestanten eine Minderheit und wurden von der katholisch gebliebenen königlichen Macht verfolgt.

All das bedeutete eine große innere Spaltung Europas. Katholiken und Protestanten bekämpften sich in Deutschland und Frankreich in blutigen Kriegen. Schließlich verjagte Ludwig XIV. die Protestanten 1685 aus Frankreich.

Fastenzeit und Karneval. Die katholische Kirche versuchte ihrerseits sich zu reformieren. Das war die Gegenreformation; es gibt aber auch die Meinung, es habe zwei christliche Reformationen gegeben, die protestantische und die katholische. Im Allgemeinen übten die Untertanen der Könige und Fürsten deren Religion aus. Die religiöse Spaltung verstärkte die nationalen Spaltungen. Heute gibt es kaum noch Feindschaft zwischen Katholiken und Protestanten, die friedlich in denselben Staaten leben, außer in Nordirland. Aber Katholizismus und Protestantismus haben ihre Spuren in der Kultur und im Geist der Menschen hinterlassen. Der Protestantismus ist zumeist strenger in den Sitten und liberaler in den Ideen, der Katholizismus freier in den Sitten und konservativer in den Ideen. Lange Zeit gab es sowohl bei Protestanten als auch bei Katholiken zwei Tendenzen: eine zur Strenge, die sich in der Fasten- und Abstinenzzeit vor Ostern äußerte, und eine andere, die sich im Überschwang der Feste an Karneval zeigte. Der Kampf zwischen Karneval und Fastenzeit ist ein großes europäisches Thema gewesen, das in einem Gemälde von Pieter Brueghel (1559) verewigt wurde, welches sich heute in Wien befindet. Der Protestant Calvin scheint nichts zu lachen zu haben, der sehr eigenwillige katholische Pfarrer Rabelais hingegen schon: Er lacht mit den Helden seiner Bücher, den Riesen Gargantua und Pantagruel.

Europa teilt sich: Die Kriege zwischen Staaten. Sobald ein europäischer Staat zwischen dem 16. und 19. Jahrhundert zu Macht gelangte, sobald eine Dynastie oder eine königliche Familie Ansehen errang, wollten sie sich – häufig mit Waffengewalt – gegen das restliche Europa durchsetzen.

Das war etwa im 16. Jahrhundert bei Spanien der Fall, das die Niederlande und die Freigrafschaft Burgund sowie in Amerika ein großes Kolonialreich besaß. Von der Herrschaft über ganz Europa träumten Karl V., der letzte Kaiser, dem sein kaiserlicher Titel großen Glanz verlieh (1519–1556), und sein Sohn Philipp II., der Vorkämpfer des katholischen Europa gegen die Protestanten.

Im 17. Jahrhundert stritt sich die französische Dynastie der Bourbonen, vor allem unter Ludwig XIV., dem Sonnenkönig und Kriegskönig (1643–1715), mit der österreichisch-spanischen Dynastie der Habsburger um die Vorherrschaft in Europa. Im 18. Jahrhundert

herrschte Großbritannien, das die stärkste Seeflotte besaß, über Europa. Das Ergebnis war eine lange Folge von Kriegen, die die Europäer untereinander entzweiten.

Neue Staaten innerhalb und außerhalb Europas. Im Jahr 1776 verlor Großbritannien seine amerikanischen Kolonien: Das war das Geburtsjahr der Vereinigten Staaten von Amerika, die – obwohl sie zum größten Teil von Europäern besiedelt waren – im 20. Jahrhundert zum großen Konkurrenten Europas werden sollten.

In Ost- und Nordeuropa tauchten im 18. Jahrhundert Staaten auf, die bald mächtig wurden. Zum Beispiel Russland, das der Zar Peter der Große (der sich auf den Schiffswerften der Niederlande umgesehen hatte) nach dem Vorbild Westeuropas modernisieren wollte. Oder Schweden und Preußen, deren Herrscher ihre Macht auf die Stärke ihrer Armeen gründeten.

Das Europa des Barock. Von Italien, vor allem von Rom und Turin, ist zu Beginn des 17. Jahrhunderts ein neuer Kunststil ausgegangen, der dem modernen Geschmack entsprach: das Barock. Europa war auch immer eine Folge von Moden, eine Begeisterung bald für regelmäßige, einfache, symmetrische Formen, bald für komplexe, verschlungene, asymmetrische Formen. Die ersten bezeichnet man als klassische Formen, die anderen als moderne. Im 17. Jahrhundert waren die Vertreter des Klassischen vor allen Dingen in Frankreich und Großbritannien bestimmend, aber im größten Teil Europas haben die Modernen das Barock in Architektur, Bildhauerkunst, Malerei, Literatur und Musik verbreitet.

Der große römische Barockkünstler Gian Lorenzo Bernini (1598–1680) hatte Aufträge für den Louvre erhalten, aber der vorherrschende Geschmack der Klassik führte dazu, dass Minister Colbert sie zurückweisen ließ. Trotzdem hat der in ganz Europa berühmte Bernini Statuen von König Ludwig XIV. und vom englischen König Karl I. angefertigt. Seine glänzende Fantasie ließ ihn herrliche Brunnen entwerfen, wie etwa den auf der Piazza Navona in Rom.

Der Stil des Barock hat sich in ganz Europa verbreitet, von Sizilien bis nach Litauen, von Palermo bis nach Wilna (dem heutigen Vilnius) und nach Moskau. Turin, Venedig, Genua und Neapel in Italien, Salamanca in Spanien, Prag in Böhmen und das deutsche Würzburg sind große Städte des Barock.

Der größte Maler des Barock war der Flame Peter Paul Rubens (1577–1640), der in Italien, in Antwerpen und für den englischen König und für die Königin Maria von Medici in Paris gearbeitet hat.

Das Barock war vor allem anderen eine Kunstrichtung der Architektur und der Musik. Komponisten des 18. Jahrhunderts haben große Werke geschaffen: Die Konzerte des Venezianers Antonio Vivaldi, die Fugen des Deutschen Johann Sebastian Bach, die Opern des Franzosen Jean-Philippe Rameau, die Oratorien des Deutschen Georg Friedrich Händel, der in Großbritannien lebte, zählen zu den barocken Schätzen Europas.

Die Wendung »etwas ist barock« bedeutet heute »verschnörkelt, überladen« und auch einen lebenslustigen und genussfreudigen Menschen kann man »barock« nennen. Hier findet sich die Bedeutung des portugiesischen Wortes, das man zur Bezeichnung dieses Kunststils verwendete: *baroco* ist im Portugiesischen eine unregelmäßige Perle. Und das Barock ist eine originelle und schöne Perle.

Das geistige Europa entwickelt sich vom Humanismus zur Aufklärung. Die Großmächte nahmen nicht zuletzt durch das Ansehen ihrer Künste und Literatur eine herausragende Stellung ein. Von der Mitte des 16. Jahrhunderts bis zur Mitte des 17. Jahrhunderts dauerte das *siglo de oro*, das Goldene Zeitalter Spaniens. Der berühmteste Schriftsteller war Miguel de Cervantes, seine Werke beeinflussten das Theater weiter Teile Europas. Spanien schuf Helden, die in der Literatur durch ganz Europa ziehen sollten: Don Quichotte und Sancho Pansa oder auch Don Juan. Im sogenannten Frankreich der Klassik unter Ludwig XIV. wirkten literarische und künstlerische Vorbilder wie Molière oder das Schloss von Versailles richtungweisend, vor allem aber die französische Sprache blieb bis ins 20. Jahrhundert die Sprache des adligen, bürgerlichen und kultivierten Europas. Italien blieb weiterhin das Land der europäischen Kunst. Jeder junge europäische Künstler musste dorthin reisen, um die Quellen der Kunst zu studieren. In Rom konnte man die höchste Entfaltung der europäischen Kunst bewundern. Viele europäische Künstler des 17. und 18. Jahrhunderts haben einen Teil ihres Lebens in Rom verbracht, wie etwa der Maler Nicolas Poussin.

Die Aufklärung kam im 18. Jahrhundert zunächst aus dem Nordwesten, aus England. Die englische Philosophie eroberte den Kontinent und stieß vor allem bei den französischen Philosophen auf reges Interesse. Seit dem 16. Jahrhundert hatten kühne Denker die Religion kritisiert – was sie bisweilen das Leben gekostet hat. Nun hielten Wissenschaft und Vernunft Einzug in das philosophische Denken, das gegenüber der Religion und der politischen Macht immer freier und respektloser wurde.

Die Aufklärung, wie die Bewegung in allen europäischen Sprachen genannt wird, bildete von Portugal bis Russland eine ganz neue Stufe europäischen Denkens. Selbst Herrscher, die nicht sehr liberal waren, befassten sich mit Philosophie und holten französische Philosophen, allen voran Voltaire und Diderot, als Berater an ihren Hof. Friedrich II., der König von Preußen, tat dies ebenso wie Zarin Katharina die Große und Kaiser Joseph II. von Österreich.

Aber sowohl die Herrscher wie die Philosophen mussten feststellen, dass sie sich falsche Vorstellungen vom anderen gemacht hatten. Außerdem übten die meisten Regierungen, vor allem unter dem Druck der Kirche in den katholischen Ländern, eine sehr harte Zensur über Bücher, Schriften, Bilder und Theaterstücke aus. Viele kritische Autoren ließen ihre Bücher unter Pseudonym in Holland veröffentlichen, einem protestantischen und liberalen Land.

Die Geburt der modernen Wissenschaft in Europa. Im alten China gab es schon eine hoch entwickelte Wissenschaft: Sie hatte bereits vor Europa den Kompass, das Papier, das Schießpulver, den Buchdruck, das Papiergeld und die Uhr erfunden. Aber man hatte aus diesen Erfindungen, die in den Händen der Kaiser, ihrer Verwaltungsbeamten, der Mandarine, und der Gelehrten verblieben waren, keinen Nutzen gezogen. Sie blieben meist Spielereien.

In Europa hingegen wurden die Erfindungen verbreitet, die Theorie also mit der Praxis und die Ideen mit ihrer praktischen Anwendung verknüpft. Etwa ab dem 15. Jahrhundert gewann die Wissenschaft in Europa ihre Erkenntnisse durch das Beobachten, Berechnen und die Entwicklung von Theorien, durch Demonstration, Experimente und Anwendungen. Sehen wir uns ein paar Beispiele an.

Die Europäer entdecken die Drehung der Erde und das Planetensystem. Bereits im Mittelalter wussten die Europäer zwar, dass die Erde keine Scheibe ist, sondern rund, vertraten aber weiterhin die ptolemäische (der Lehre der Kirche und der Bibel entsprechende) Theorie, nach der die Erde unbeweglich im Mittelpunkt des sich um sie drehenden Universums ruhe.

Der polnische Astronom Nikolaus Kopernikus (1473–1543), der in Italien studiert und die Bewegung der Planeten beobachtet und berechnet hatte, entdeckte, dass diese sich nicht um die Erde, sondern um die Sonne drehen. Die Erde dreht sich als einer der Planeten folglich ebenfalls um die Sonne. Aus Vorsicht veröffentlichte er das Werk, in dem er seine Theorie darlegte, erst, als er dem Tode nahe war. Der Deutsche Johannes Kepler (1571–1630) und der Italiener Galileo Galilei (1564–1642) gingen in dieser Richtung noch weiter. Galilei konstruierte ein Fernrohr, mit dem er die Bewegungsphasen des Planeten Venus um die Sonne erkennen konnte. Galilei war der eigentliche Begründer der wissenschaftlichen Physik, indem er die grundlegenden Funktionsgesetze des Universums als vom Einfluss übernatürlicher himmlischer Mächte unabhängig erklärte. Er wurde vom Papst verdammt. Ein Inquisitionsgericht, das im Mittelalter von der Kirche gegründet worden war, um Ketzer zu bekämpfen, zwang ihn zu widerrufen, das heißt seiner Theorie öffentlich abzuschwören. Dabei soll er gemurmelt haben: »Und sie bewegt sich doch!«

Die Europäer entdecken den Blutkreislauf. Im Jahre 1616 entdeckte William Harvey (1578–1657), ein englischer Arzt, der in Cambridge und in Padua studiert hatte, den Blutkreislauf und stellte ihn 1628 in einem Buch dar. Er war der Erste, der die im Herzen und menschlichen Körper enthaltene Blutmenge berechnete. Von nun an konnte man die Krankheiten dieser für den Menschen lebensnotwendigen Flüssigkeit besser untersuchen und behandeln.

Die Europäer entdecken den Fall des Apfels. Der Engländer Isaac Newton war ein großer Beobachter und Experimentator. Es heißt, dass er das Gesetz der Schwerkraft entdeckt habe, als er sah, wie ein Apfel vor seinen Füßen zu Boden fiel. Dieses Gesetz ermöglicht es, die gegenseitige Anziehungskraft zweier Körper zu berechnen, und gilt auf der Erde und im Weltall. Der Universalgelehrte Newton wurde berühmt auf-

grund der Fortschritte, die er in der Optik, der Wissenschaft vom Sehen, erzielte. Er baute ein Teleskop und entdeckte die Zerlegung des weißen Lichts durch ein Prisma in die Spektralfarben (Lila, Indigo, Blau, Grün, Gelb, Orange, Rot). Mit dem Buch *Philosophiae naturalis principia mathematica* (Mathematische Grundlagen der Naturphilosophie, 1686/87) legte er ein grundlegendes Werk für die wissenschaftliche Arbeitsweise vor.

Die Europäer entdecken den Dampfkessel. Der Franzose Denis Papin (1647 – um 1712) beobachtete die Kraft des Wasserdampfs. Da er Protestant war, musste er Frankreich 1685 verlassen. In England hat er den »Kessel« erfunden, der es ermöglichte, den Druck des Wasserdampfes zu nutzen, um einen Kolben in einem Zylinder anzutreiben.

Das war eine Revolution im Energiewesen. Zuvor hatte der Mensch die für die Arbeit nötige Energie selbst leisten müssen, im Mittelalter wurde dann mit der Mühle die Wasser- und Luftkraft genutzt. Die Dampfkraft ermöglichte nun die Entwicklung der in Europa entstehenden modernen Industrie. Sie sollte zahlreiche Maschinen antreiben und bald auch Dampfschiffe und Dampflokomotiven bewegen, mit denen Züge gezogen wurden.

Die Europäer entdecken die Struktur des Universums. Von all diesen Entdeckungen profitierte auch die Astronomie. Der Franzose Pierre Laplace (1749–1827), ein Astronom, Mathematiker und Physiker, entwickelte ein »System der Welt«, nach dem das Sonnensystem und damit unsere Erde Teil eines rotierenden Nebels ist. Er vereinte alle Entdeckungen seit Newton in einem großen Werk, der *Himmelsmechanik*.

Die Europäer perfektionieren die Mathematik. Am Anfang vieler dieser Erfindungen steht das Rechnen. Die Mathematik machte beträchtliche Fortschritte; die Algebra und ihre Berechnungen lieferten der Physik und den anderen Naturwissenschaften präzise Hilfsmittel. Die wichtigsten Entdeckungen auf diesem Gebiet sind dem Franzosen René Descartes (1596–1650), dem Deutschen Gottfried Wilhelm Leibniz (1646–1716), dem Schweizer Leonhard Euler (1707–1783) und dem Italo-Franzosen Louis de Lagrange (1736–1813), der in Turin, Berlin und Paris gearbeitet hat, zu verdanken.

Die Europäer erfinden die moderne Chemie. Hier hat sich der Franzose Antoine Laurent de Lavoisier (1743–1794) große Verdienste erworben, daneben gab es aber auch den Engländer Henry Cavendish (1731–1810), den Deutschen Martin Heinrich Klaproth (1743–1817) und andere. Sie entdeckten chemische Elemente wie den Wasserstoff, die Zusammensetzung von Wasser und Luft, die Verbindungen der Elemente untereinander, ihre Reaktionen, und sie lernten die Stoffe zu analysieren und herzustellen. Deren Anwendungsmöglichkeiten in Industrie, Medizin und täglichem Leben sind unendlich groß. Der Italiener Alessandro Volta (1745–1827) beispielsweise erfand im Jahr 1800 die elektrische Batterie. Diese Entdeckungen haben das Wissen und das Leben der Menschen verändert.

Der Fortschritt – ein neuer Begriff in Europa. Ihr habt gesehen, dass alle Entdeckungen, alle Erfindungen, die die moderne Wissenschaft ausmachen, miteinander verbunden sind.

Sie sind voneinander abgeleitet und das gemeinsame Werk einer Gemeinschaft europäischer Wissenschaftler. Die Jüngeren waren die Schüler der Älteren, die Zeitgenossen kannten sich, schrieben sich, trafen sich. Es gab ein modernes wissenschaftliches Europa.

In den meisten Fällen war den Gelehrten bewusst, wie eng die wissenschaftlichen Entdeckungen mit den technischen Erfindungen verbunden waren. Besonders offensichtlich war dies im Bereich der Dampfkraft. Diese wissenschaftlichen und technischen Errungenschaften standen ihrerseits mit den Ideen der Philosophen der Aufklärung in Zusammenhang.

Dieser Zusammenhang führte zu einem großen Gemeinschaftswerk, das unter der Leitung des Philosophen Diderot sowie des Philosophen und Mathematikers d'Alembert von einer Gruppe europäischer, hauptsächlich französischer Philosophen und Gelehrter verwirklicht wurde. Es war die *Encyclopédie ou Dictionnaire raisonné des sciences, des arts et des métiers* (Enzyklopädie oder Wörterbuch der Wissenschaften, Künste und des Handwerks), deren siebzehn Bände zwischen 1751 und 1772 erschienen. Diese Gesamtdarstellung des modernen Wissens wurde in ganz Europa, in dem die Gebildeten Französisch lasen, sehr interessiert aufgenommen.

Die *Encyclopédie* verbreitete die Vorstellung, dass die Menschheit in Europa unter materiellen, wissenschaftlichen und philosophischen Gesichtspunkten Entdeckungen gemacht habe, die alles überträfen, was seit der Antike gegolten habe. Das war die Vorstellung vom »Fortschritt«, der die Europäer beflügelte und den sie in der ganzen Welt verbreiteten.

Heute, nach einem Jahrhundert, in dem wir so viele Grausamkeiten, Krisen, Rückfälle in die Barbarei und so viel Machtlosigkeit erlebt haben, bezweifeln wir häufig die Existenz des Fortschritts. Aber auch wenn es manchmal keinen Fortschritt zu geben scheint und es zu einem Stillstand oder zu Rückschritten kommen kann, so müssen wir dafür sorgen, dass es sich dabei nur um Zwischenfälle handelt. Europa muss seinen Weg des Fortschritts wieder aufnehmen, den es als erstes verwirklicht, mit Inhalt gefüllt und den Menschen in aller Welt gewiesen hat.

Die Französische Revolution bewegt Europa – Anhänger und Gegner. Ihr wisst, dass die Franzosen 1789 eine Revolution gemacht haben, das heißt das Herrschaftssystem und die Gesellschaft von Grund auf verändert haben. Das Königtum wurde abgeschafft und an seiner Stelle die Republik ausgerufen. Jetzt regierten Versammlungen von gewählten Abgeordneten die Gesamtheit aller Franzosen, die man nun »Nation« nannte. Die Abgeordneten schafften das Feudalsystem ab: Von jetzt an sollten die Adligen keine Vergünstigungen (sogenannte Privilegien) mehr genießen. Sie erhielten zum Beispiel keine Abgaben mehr von »ihren« Bauern, sie verloren das Recht, bestimmte Beschäftigungen wie die Jagd als einzige auszuüben, und sie durften sich nicht mehr durch äußere Zeichen wie luxuriöse Kleidung und Perücken, Kutschen und so weiter von den anderen abheben. Die Abgeordneten erklärten, dass alle Franzosen frei und gleich seien. Sie gaben der Republik einen Wahlspruch, der auf allen öffentlichen Gebäuden zu lesen war: »Freiheit, Gleichheit, Brüderlichkeit.« Glaubt ihr, wenn ihr euch eure Umgebung genauer anseht, dass dieses Ideal verwirklicht worden ist?

Damit nicht genug, die Revolutionäre entwarfen auch ein humanes Leitbild, das von der gesamten Menschheit übernommen werden sollte: die Erklärung der Menschen- und Bürgerrechte. Diese Erklärung betont vor allem die Freiheit. Ein Mann (oder eine Frau – trotz der Beteiligung vieler Frauen an der Revolution ist

sie vor allem von Männern für Männer durchgeführt worden) darf wegen seiner Ansichten nicht festgenommen oder ins Gefängnis geworfen werden. Die körperliche Unversehrtheit der Menschen muss respektiert werden: Also wurden die Prügelstrafe und die Folter abgeschafft. In Europa werden die meisten Menschenrechte heute zwar eingehalten, das gilt aber nicht für die ganze Welt. Diese Rechte, die von Europäern in Europa proklamiert wurden, stehen in vielen Teilen der Welt stärker als je zuvor auf der Tagesordnung. Mutige Vereinigungen wie Amnesty International setzen sich dafür ein, dass sie respektiert werden.

Leider hat die Französische Revolution die eigenen Prinzipien nicht immer befolgt und ist auf Abwege geraten, deren Auswirkungen auf Europa sehr schädlich gewesen sind.

Freiheit und Gleichheit sollten zu Toleranz führen. Aber bald schon ergriffen die intolerantesten der Revolutionäre die Macht. Sie schränkten die Freiheiten der Bürger ein, ließen ihre Feinde guillotinieren (durch ein Fallbeil köpfen), ohne deren Recht auf eine anständige Verteidigung vor unabhängigen Gerichten zu respektieren. Unter ihnen kam es zu einer Schreckensherrschaft. Gruppen von Republikanhängern führten in Westfrankreich einen erbitterten und

häufig barbarischen Krieg gegen die Gegner der Republik, gegen Adlige, Priester und Bauern. Die extremistischen Revolutionäre griffen auch die katholische Kirche und die Religion überhaupt an. So machte sich die Revolution viele Feinde bei den Priestern und den überzeugten Anhängern der Religion. Auch hier stellte sie ihre Intoleranz unter Beweis. Allerdings erkannte sie Protestanten und Juden als gleichberechtigte Bürger an.

Vor allem aber erklärten die Revolutionäre 1792 zuerst dem Kaiser von Österreich und dem preußischen König, die den französischen König und das alte System, das sogenannte *Ancien régime*, wieder einsetzen wollten, den Krieg, später dann auch dem König von Großbritannien und den Niederlanden. Das führte dazu, dass die Französische Revolution auf fast ganz Europa übergriff. Dabei vermischten sich allerdings zwei entgegengesetzte Wünsche: Der Wunsch, den von ihren Herrschern unterdrückten Völkern Europas die Segnungen der Revolution und an erster Stelle die Freiheit zu bringen, stand in Gegensatz zum Eroberungsdrang der Franzosen.

Die Europäer spalteten sich in Anhänger und Gegner der Revolution. Dieser neue Bruch wirkte lange Zeit nach und stellte Revolutionäre und Gegenrevolutionäre, Fortschrittliche und Reaktionäre einander gegenüber. Er prägte den Gegensatz, der noch heute zwischen der Linken und der Rechten besteht.

Man kann sagen, dass die Völker zunächst Anhänger der Revolution waren und sie nachahmen wollten und dass die jeweiligen Regierenden, die Fürsten und Adligen sich den französischen Revolutionären entgegenstellten. Auch die Völker wandten sich jedoch bald gegen die Französische Revolution, die immer stärker nationalistische und beherrschende Züge annahm.

Ein missglückter Versuch, Europa zu einigen: Napoleon. Als Napoleon Bonaparte in Frankreich die Macht ergriff, dehnte er den Krieg auf Europa aus. Zunächst wollte er bestimmte Reformen der Revolution zum Abschluss bringen und Freiheit und Gerechtigkeit verwirklichen. Anfänglich wurde er in manchen Ländern freudig aufgenommen. Dazu zählten das von seinen mächtigen Nachbarn Russland, Österreich und Preußen geteilte Polen, das von Österreich unterdrückte Dalmatien und Neapel, das seine Könige aus der Bourbonendynastie nicht schätzte.

Napoleon steckt Europa in Brand

Schließlich verbündete sich jedoch ganz Europa gegen ihn – einschließlich der Völker, die sich gegen das napoleonisch-französische Europa auflehnten: Die Russen zwangen Napoleon, der bereits Moskau eingenommen hatte, zu einem Rückzug im Winter, der mit katastrophalen Verlusten endete, zuletzt in der Völkerschlacht bei Leipzig 1813; die Spanier führten einen Volkskrieg, in dem keine regulären, sondern bunt zusammengewürfelte Truppen kämpften, die Guerilla.

Im 20. Jahrhundert scheiterte Hitlers noch schrecklichere Vision von Europa. Europa kann sich nur durch den willentlichen Zusammenschluss der Nationen und Völker vereinigen.

Europa träumt den Traum der Romantik. Genau wie der Humanismus, das Barock und die Aufklärung, deren Entstehung und Verbreitung in ganz Europa wir schon gesehen haben, verbreitete sich in der ersten Hälfte des 19. Jahrhunderts eine neue literarische und künstlerische Bewegung von den slawischen und skandinavischen Ländern bis zu den Ländern des Mittelmeers. Ihr Vordenker war der Genfer Jean-Jacques Rousseau. Ein russischer Vertreter dieser Stilrichtung war zum Beispiel der große Dichter

Puschkin. Die Romantik hat in erster Linie Dichter, Maler und Musiker beeinflusst. Sie hat die großen Leidenschaften, den Traum und den Geist der Freiheit verherrlicht; sie hat sich insbesondere in Bewegung und Farbigkeit ausgedrückt. Große Romantiker waren in Großbritannien die Dichter Lord Byron, John Keats und Percy Shelley, in den deutschsprachigen Ländern die Komponisten Franz Schubert, Robert Schumann sowie die Dichter Ludwig Tieck und E. T. A. Hoffmann, in Frankreich die Dichter Alphonse de Lamartine, Victor Hugo und der Maler Eugène Delacroix, in Italien der Dichter Alessandro Manzoni, der polnische Komponist Frédéric Chopin oder der ungarische Komponist Franz Liszt. Ganz Europa wurde von diesen Künstlern inspiriert. Noch heute hat das romantische Empfinden in Europa Tradition.

Das 19. Jahrhundert: Das Jahrhundert der Maschinen und des Geldes. Als erstes Land begann Großbritannien die neuen Techniken zu nutzen, Maschinen zu bauen, eine Industrie zu entwickeln, dann kamen aber auch die Länder des europäischen Festlandes hinzu. Fabriken entstanden und ihre Schlote und ihr Rauch eroberten die europäische Landschaft. Kohle und Eisen wurden in großem Maßstab abgebaut. Die Landschaften des »schwarzen Goldes« entstanden in England (die Midlands), in Frankreich (im Norden und in Lothringen) und in Deutschland (an der Ruhr).

Fabriken erobern die europäische Landschaft

Die Baumwollverarbeitung führte zur Entstehung der Textilindustrie. So entwickelte sich eine neue Gesellschaftsschicht: die Arbeiter, die häufig unter elenden Bedingungen lebten. Die Dampfmaschine bewirkte eine rasche Entwicklung des Verkehrswesens. Eisenbahnen beförderten Reisende und Waren. Dampfschiffe überholten bald die Segelschiffe.

Am Ende des Jahrhunderts erfolgte eine zweite industrielle Revolution. Die Elektrizität wurde eingeführt. Der Verbrennungsmotor ermöglichte es, Gas und Erdöl zu nutzen. Der im Jahre 1889 erbaute Eiffelturm in Paris wurde noch aus Eisen errichtet, mehr und mehr aber baute man mit Stahl. Chemische Produkte ermöglichten die Herstellung von Färbestoffen, Kunstfasern und Kunstdünger für die Landwirtschaft. Die Herstellung so vieler neuer Waren setzte voraus, dass man sie kaufen und dass man ihre Herstellung bezahlen konnte. Dazu brauchte man Kapital, musste Kredite besorgen und Geld in Umlauf bringen. Die Banken entwickelten sich, das Papiergeld setzte sich immer mehr durch, Aktiengesellschaften wurden gegründet, in denen die Geldgeber, die Aktionäre, einen ihrem Aktienanteil entsprechenden Anteil am Gewinn haben. Das war der Sieg des Kapitalismus. Europa war in das Zeitalter des Geldes eingetreten. Stärker als je zuvor war es in Reiche und Arme geteilt.

Das Alltagsleben der Europäer verändert sich grundlegend. Die Nähmaschine, das Fahrrad, das Telefon – all das veränderte das Leben der Europäer. Und von nun an waren auch die Vereinigten Staaten von Amerika am wissenschaftlichen und wirtschaftlichen Fortschritt beteiligt. Der Amerikaner Thomas Edison machte zahlreiche Erfindungen, darunter die Glühlampe (im Jahre 1879), deren Leuchtkraft durch die starke Erhitzung eines Drahtes erzeugt wird. Später kam das Automobil hinzu, dann das Flugzeug und schließlich der Kinematograph der Brüder Lumière, dessen hundertster Geburtstag 1995 gefeiert wurde. Ein neues Berufsbild trat auf den Plan: der Ingenieur.

Völker und Nationen entdecken ihre Identität. Das 19. Jahrhundert erlebte, wie Völker erwachten, die über lange Zeit hinweg unterdrückt worden waren. Europa erlebte den Ausbruch des Nationalismus, der zwei Erscheinungsformen hatte: eine gute und eine schlechte.

Die gute ist das Recht auf Unabhängigkeit, das sogenannte Selbstbestimmungsrecht der Völker. Ein erster Ausbruch brachte 1830 eine liberalere Regierungsform in Frankreich (Eugène Delacroix zeigt auf einem berühmten Gemälde die Freiheit als Frau mit der blau-weiß-roten Trikolore auf den Barrikaden, die die Pariser gegen den König errichtet haben) und die Bildung eines neuen Staates in Europa: Belgien, das sich von den Holländern löste. Griechenland wurde von der Türkei unabhängig. Viele europäische Intellektuelle, wie etwa der englische Dichter Lord Byron, haben daran mitgewirkt.

In großen Teilen Europas brachen 1848 revolutionäre Nationalbewegungen aus. Das war der »Frühling der Völker«. In Frankreich wurde die Republik ausgerufen. In Deutschland trat das erste Parlament in der Frankfurter Paulskirche zusammen.

Aber auch die schlechte Form des Nationalismus kam zum Vorschein. Hier sieht sich ein Volk für wertvoller als seine Nachbarn an und will Gebiete annektieren, in denen seine Angehörigen eine Minderheit darstellen. Ein aggressiver und kriegerischer Nationalismus bedroht die Unabhängigkeit der anderen und den Frieden.

Die Geburt Italiens und Deutschlands. Zwei Völkern gelang es, eine nationale Einheit zu bilden und zu Nationalstaaten zu werden, wenn auch mit einem König an der Spitze: Die Italiener konnten mit Hilfe der Franzosen die Österreicher aus Mailand und Venedig vertreiben. Die Fürsten der verschiedenen kleinen Staaten mussten fliehen. Schließlich verlor der Papst seine Territorien und zog sich in einen kleinen Teil von Rom zurück, der 1929 zum Vatikanstaat wurde. 1870 war das Geburtsjahr des Königreichs Italien.

Nach dem siegreichen Krieg gegen Frankreich vereinigten sich die verschiedenen deutschen Staaten 1871 zu einem Staat, an dessen Spitze der preußische König stand, der zum deutschen Kaiser gekrönt wurde.

Ihr dürft also nicht vergessen, dass Deutschland und Italien junge Staaten sind, die noch nicht die Stabilität und den Zusammenhalt erreicht haben, über die andere europäische Staaten wie Großbritannien und Frankreich seit dem Mittelalter verfügen.

Europa stellt sich gegen die Völker. Der Wiener Kongress, der von den Ländern beherrscht wurde, die Napoleon besiegt und sein auf Gewalt beruhendes europäisches Reich zerstört hatten, stellte einen Versuch dar, Europa zu vereinen. Aber die Verbündeten von Wien wollten ein Europa schaffen, das den Völkern die Freiheit verwehrte. Es waren die Herrscher von Russland, Preußen und Österreich-Ungarn, die (mehr oder weniger von Großbritannien unterstützt) das Europa der Heiligen Allianz bildeten. Die Symbolfigur hierfür war der österreichische Minister Metternich.

Alle revolutionären Bewegungen von 1848 scheiterten. Der Neffe Napoleons schaffte in Frankreich die Republik ab und errichtete als Napoleon III. erneut ein Kaiserreich. Ein Volk wurde ganz besonders unterdrückt: die Polen, die 1831 einen Volksaufstand organisierten und 1863 schließlich von den Russen vernichtend geschlagen wurden.

Im Jahre 1867 machten die Österreicher den Ungarn in ihrem Reich Zugeständnisse; nun wollten sie gemeinsam über die anderen Völker der Doppelmonarchie herrschen. Untereinander sagten sie: »Behaltet ihr eure Horden, wir behalten unsere.« Die »Horden« waren die Polen, Slowaken, Rumänen, Slowenen und Kroaten.

Europa kolonisiert die Welt. Seit dem 16. Jahrhundert hatten europäische Staaten – Frankreich, England, Spanien, Portugal, die Niederlande – Gebiete in anderen Kontinenten, insbesondere in Amerika und dem Fernen Osten Asiens, erobert. Russland hatte damit begonnen, sein Reich im Süden zu erweitern (die Eroberung der Ukraine) sowie im Osten,

…Jahrhundert drang
…Vergleich zu den
…gewaltige Beson-
…nhängendes, nicht
…zwischen Europa
…tralasien gehörten
…Land der Depor-
…er Gefangener, die
…en.
…rhunderts machte
…n den Europäern
…esen) unabhängig.
…Kolonialherren.
…teten Frankreich,
…inigung) Deutsch-
…kleinen Teil des
…: die Franzosen in
…Victoria 1876 zur

…ka, das unter den
…und Großbritan-
…wurde. Seht euch
…ika mehr. Frank-
…ert, den Maghreb.

ZUR POLITISCHEN GESCHICHTE.
Aegypten.
Seit. — 525 v. Chr. Pharaonen
671-656 Dodekarchen
525 Eroberung Kambyses'
332 Alexanders
323 Ptolemäer
30 v. Chr. Römer
640 n. Chr. Araber
1517 Osmanen
1798 Napoleons Expedition
1806 Mehemed Ali Stadthalter
Berberei.
888 v. Chr. phönicische Kolonien
146 Römer erob. Carthago, 106 Numidien, 41 Mauritanien.
429 n. Chr. Wandalen unt. Genserich
534 Byzantiner unter Belisar
650 Araber unter Amru
1415 Anfang d. portugisisch. Eroberg.
1533 Türkenherrschft. s. Soliman
1830 Franzosen unter Bourmont in Algier.
Gioga v. Amalfi 1302 vervollkommnet die Bussole.
DEMARCATIONSLINIE
100 Stunden westlich von den vom Papst Alexander VI. 1493 bestimmt.
Span
ZUR GESCHICHTE DER GEOGRAPHISCH. ENTDECKUNGn.
Das Schwerdt der sonst siegreichsten Eroberer war für die Erforschung dieses Erdtheils wenig gewonen. Perser, Römer, Araber haben nur den Nordrand durchstürmt. Erst mit Heinrich d. Seefahrer (+1463) beginnt die Zeit der geograph. Entdeckungen. Die Entdeckungen der Küsten u. Inseln sind an Ort u. Stelle angegeben; wir erwähnen hier nur nachträglich:
Die wichtigsten Reisen ins Innere.
1573 die Portugs. Bareto u. Homen in Monomotapa. – 1620 die Engl. Jobson u. Thompson nach Timbuktu. – 1652 der Franzose Thevenot in Aegypten. – 1698 der Franzse Brue in Senegambien. – 1716 Compagnon in Bambuk. – 1720 d. Engl. Shaw in der Berberei. – 1737 d. Däne Norden u. d. Engl. Pockoke in Aegypten. – 1750 d. Engl. Adanson in Senegambien, d. Franzs. de la Caille u. 1783 Le Vaillant am Cap. – 1760 d. Däne Hoest in Marokko. – 1768 d. Schotte Bruce an den Nilquellen. – 1772 d. Engl. Norris in Abomey. – 1783 d. Däne Isert in Nordguinea. – 1785/9 d. Franzs. Golberry in Senegambien, Grand Pré in Süd-Guinea, Lampriere in Marokko; d. Engl. Madthiew an der Sierra Leona; d. Span. Gregorio Mendez von Benguela aus nach dem Cap. –
1788 d. Engl. John Banks stiftet zu London die afrikanische Gesellschaft.
1789 d. Engl. Leydiard, Lucas u. Houghton zum Niger. – 1792 d. Engl. Browne in Darfur. – 1794 d. Engl. Watt u. Winterbottom vom Nunnez nach Labbe u. Timbo. – 1796/7 d. Schotten Mungo Parks I Reise v. Kayaye am Gambia über Kemmu u. Benown nach Sego, über Bamaku zurück nach dem Gambia. – 1797 der Deutsche Hornemann in Murzuk. – 1798 Napoleons Expedition nach Aegypten, Denon. – 1800 d. Deutsche Lichtenstein am Cap bis Lataku. – 1805 M. Parks II Reise von Kayaye auf dem frühern Wege bis Fankia, dann über Fadjemia nach Bamaku, von hier auf dem Djoliba bis Bussa, wo er umkommt. – 1808 der Deutsche Burkhardt in Aegypten. – 1815 der Span. Ali Bey (Badia) in Marokko, d. Engl. Light und d. Franzs. Mollien in Sudan, d. Engl. Tuckey kommt mit fast allen Leuten auf dem Congo um. – 1817 d. Ital. Belzoni in Aegypten, della Cella in den Syrten; Campbell, Dochard, Kummer von Kakondi nach Labbe u. Timbo; d. Engl. Bowdich vom Cap Coast Castle nach Cumassie. – 1819 d. Franzs. Caillaud in Aegypten. – 1820 d. Deutschen v. Minutoli, Ehrenberg u. Hemprich in Aegypten. Letztere auch in Nubien und Libyen. – 1822/4 d. Engl. Oudney, Denham u. Clapperton am Tschad-See, Oudney + in Bornu, Denham kommt bis zum Tschad, Clapperton bis Sakkatu; d. Deutsche Rüppel in Aegypten; der Schotte Pearce in Abyssinien; d. Engl. Laing von Sierra Leona nach Sulimana. – 1825/6 Clappertons II Reise von Badagry über Wawa, Kano nach Sakkatu, +; sein Diener Richard Lander kommt allein zurück. – 1827/8 d. Franzs. Caille von Kakondy auf dem Djoliba nach Timbuktu u. durch die Sahara über Fez nach Tanger; d. Engl. Laing von Tripolis nach Timbuktu, wird auf dem Wege nach Sego erschlagen. – 1827 d. Franzs. Champollion, d. Ital. Rossalmi, d. Deutsche v. Prokesch in Aegypten. – 1828/30 d. Franzs. Douville durch Congo, Angola, Benguela bis zum Cuffua See und Bomba; die Wahrheit ist sehr zweifelhaft. – 1830 Rich. u. John Lander gehen den ersten (1825) Weg bis Yauri, schiffen sich auf dem Quorra ein und finden die Niger-Mündung. –
1833/4 Landers III Reise mit Allan; Allan beschifft den Tschadda, Lander wird bei Rabba erschlagen.
Der Atlas
Maroc
Algier
Tafilet
Mauren
WÜSTE SAHEL
Nach Ehrenberg nicht über
Arguin
Twaderini
Araber
Timbuktu
Senegal
Jaloffen
Houghton + 1791
BAMBARA
Bambuk
Benowm
Jarra
Bengasi
Niger
Cuma
Quorra
Gambia
SENEGAMBIEN
Kayaye
Mandingos
Kamalia
Sego
Jenne
SUDAN
Timbo
Kong Gebirg
BORGU
Bussa
Park + 1806
Sierra Leona Küste
NORD GUINEA
Abomey
Cumassie
Goldküste
Sklaven Küste
40 30 20 10 0 10 20

Lithographie von B. Herder in Freiburg im Breisgau.

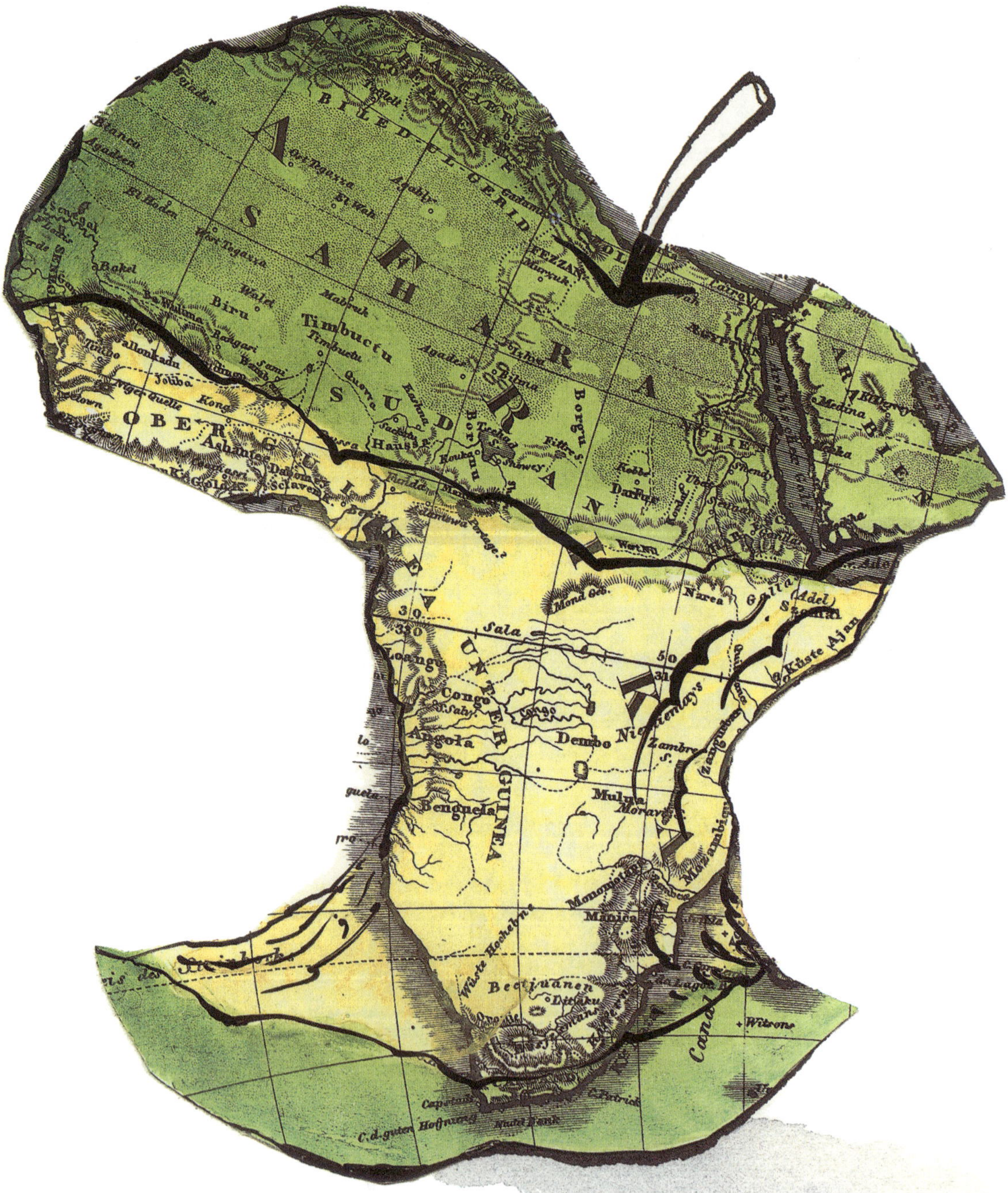

Das kolonisierte Afrika

Schwarzafrika wurde unter den Europäern aufgeteilt; Deutschland bekam unter anderem Südwestafrika. Eine ähnliche Bedeutung, wie sie der Wiener Kongress von 1815 für die Neuordnung Europas gespielt hatte, spielte nun der Kongress von Berlin im Jahre 1878, der die Aufteilung Afrikas unter den Kolonialmächten Europas regelte.

Die Kolonisierung, die an die Kreuzzüge erinnerte, auch wenn sie keinen religiösen Hintergrund hatte, war genau wie diese ein Verbrechen Europas, dessen Folgen noch heute nachwirken. Die Europäer brachten eine Reihe von Errungenschaften im Gesundheits- und Bildungswesen mit. Aber sie beuteten den wirtschaftlichen Reichtum der Afrikaner allein für sich aus; sie beraubten sie ihrer Freiheit und, was noch schwerer wiegt, ihrer Würde und Identität. Die kleinen Afrikaner mussten in den französischen Schulbüchern Geschichten über »unsere Vorfahren, die Gallier« lernen, was natürlich vollkommen absurd war.

Heute sind diese Länder unabhängig. Aber die Wunden sind nicht völlig verheilt. Europa muss sich daran erinnern, sich bemühen, diesen Schandfleck seiner Geschichte zu beseitigen, und aufhören, die unabhängig gewordenen ehemaligen Kolonien weiterhin wirtschaftlich auszubeuten. Es muss auch aufhören, korrupte und autoritäre afrikanische Regierungen zu unterstützen, die das Verhalten der ehemaligen Kolonialmächte übernommen haben.

Ein Land ist für die Geschichte der Kolonisatoren und der Kolonisierten in Afrika eine große Hoffnung: Südafrika. Europäer (Engländer und Holländer) haben sich um das Land gestritten und dann eine schändliche Herrschaft über die schwarze Bevölkerung (die 90 Prozent der Bewohner des Landes ausmacht) errichtet. Im 20. Jahrhundert haben sie ein widerwärtiges System der Trennung von Weißen und Schwarzen eingeführt, die Apartheid. Die Schwarzen wurden entwürdigt und als minderwertig betrachtet; sie durften nicht dieselben Verkehrsmittel benutzen, nicht in dieselben Kinos oder Cafés gehen und so weiter. Zum Glück haben die Schwarzen durch ihren Kampf die politische Gleichheit erreicht und heute ist der Präsident der Republik Südafrika ein Schwarzer: Thabo Mbeki, der Nachfolger des noch immer lebenden Helden Nelson Mandela.

Kaiserreich Russland
Ochotsk
Jenisseisk
Tomsk
Irkutsk
Wladiwostock
Buchara
Peking
Nanking
Shanghai
China
Kanton
Hongkong (brit.)
Macao (port.)
Philippinen (span.)
Delhi
Indien
Chandernagor (fr.)
Kalkutta
Hanoi
Birma
Hué
Yanaon (fr.)
Goa (port.)
Indochina
Madras
Mahé (fr.)
Pondichéry (fr.)
Karikal (fr.)
Saigon
Singapur (brit.)
Borneo
Indischer Ozean
Sumatra
Java
Die Europäer in Asien
Russisches Reich
britisch
französisch
holländisch
China

Aufteilung Afrikas durch die Europäer (19. und Anfang 20. Jahrhundert)

- Frankreich
- Großbritannien; Südafrikanische Union
- Portugal
- Spanien
- Italien
- Belgien
- Deutschland

Das Jahrhundert der Geschichte und der Philosophie. Die Europäer erlebten gewaltige Veränderungen im Bereich von Wirtschaft, Wissenschaft und Politik. Sie versuchten die Vergangenheit zu erforschen und zu verstehen, um zu erfahren, woher sie kamen und wohin sie gehen würden. Die Quellenkritik, die Art und Weise, wie Geschichte erzählt wird, die Bemühungen, sie zu erklären, sowie die Gründung gelehrter Gesellschaften und Fachzeitschriften haben aus der Geschichte eine der großen Beschäftigungen Europas im 19. Jahrhundert gemacht. Geschichtliche Forschung und das Nachdenken über Geschichte entwickelten sich häufig durch die Beschäftigung mit der eigenen Nation. Im Fall Deutschlands zum Beispiel stehen dafür vor allem zwei große Namen: Leopold von Ranke, dem zufolge die Geschichtswissenschaft herauszufinden hat, »wie es eigentlich gewesen« ist, und der, nachdem er viele Bücher über die europäische Geschichte schrieb, das deutsche Vormachtstreben in Europa ablehnte, und Johann Gustav Droysen, dessen vierzehnbändige *Geschichte der preußischen Politik* die Einigung Deutschlands unter Preußens Führung begründen sollte.

Die Kenntnis der Geschichte ist für die Europäer und für die gemeinsame Zukunft Europas sehr wichtig. Man muss die Vergangenheit kennen, um zu wissen, wie man die Zukunft angehen, die guten Traditionen Europas weiterentwickeln und die von Europäern begangenen Fehler und Verbrechen in Zukunft vermeiden kann. Wir dürfen nicht zulassen, dass die Geschichte gefälscht wird, um nationalistische Mythen zu schaffen. Die Geschichte darf keine Last sein, unter der wir leiden, keine schlechte Ratgeberin, die Gewalt legitimiert. Sie muss Wahrheit vermitteln und dem Fortschritt dienen.

In der Philosophie, die aus denselben Gründen versuchte, das Wesen des Menschen, der Gesellschaft und der Geschichte zu begreifen, ragte insbesondere die deutsche Philosophie von Immanuel Kant bis Georg Wilhelm Friedrich Hegel hervor. In der Literatur oder der Kunst glänzte manchmal ein einzelnes Land oder es kam zur Verbreitung einer Bewegung durch ganz Europa.

Das Ende des 19. Jahrhunderts war die große Zeit des russischen Romans, mit dem man hauptsächlich zwei große Namen verbindet, Leo Tolstoi und Fjodor Dostojewski. Auch wer ihn nicht gelesen hat, kennt sicher die amerikanische Verfilmung von Tolstois großem Roman *Krieg und Frieden*.

In der Kunst kam es zur Blüte der impressionistischen Malerei. Habt ihr schon Gemälde des Engländers William Turner oder der Franzosen Edouard Manet, Claude Monet, Edgar Degas, Auguste Renoir gesehen? Danach kam der Jugendstil, dann, zu Beginn des 20. Jahrhunderts, der Kubismus (mit dem Franzosen Georges Braque, dem Spanier Pablo Picasso), der Expressionismus (mit vielen deutschen Malern) und der Surrealismus. Wenn ihr die Gelegenheit dazu habt, so besichtigt die großen europäischen Museen: den Louvre in Paris, die National Gallery in London, den Prado in Madrid, die Uffizien in Florenz, die Pinakothek in München. Dort werdet ihr sehen, dass es seit dem Mittelalter eine gemeinsame und vielfältige europäische Kultur gegeben hat.

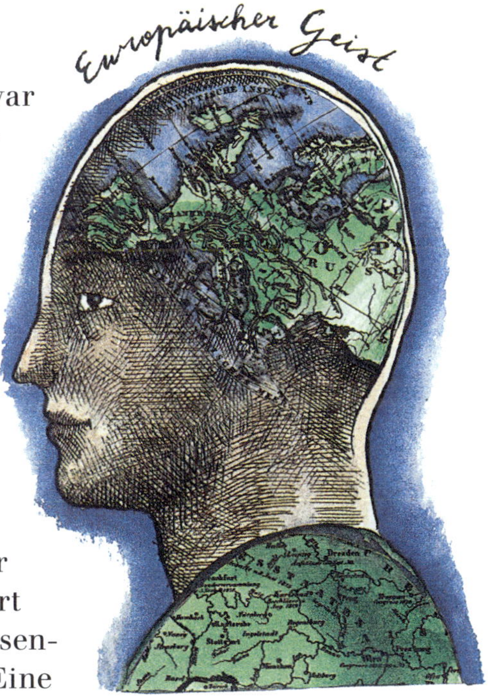

Schulen und Universitäten. Europa war im 19. Jahrhundert der erste Kontinent, auf dem fast alle Kinder lesen und schreiben lernten und eine Schule besuchten. Im Laufe des Jahrhunderts ist der Schulunterricht für alle Pflicht geworden. Der Lehrer wurde zu einer wichtigen Person in der europäischen Gesellschaft.

Auch die höhere Bildung hat einen großen Aufschwung erlebt. Die ersten Universitäten gab es, wie wir gesehen haben, bereits im Mittelalter. Aber ihr Unterrichtswesen ist modernisiert worden. Es wurden nun auch Naturwissenschaften und Geschichte unterrichtet. Eine berühmte moderne Universität von hohem Niveau wurde von Wilhelm von Humboldt in Berlin gegründet. Aber diese Universitäten waren nicht mehr international. Professoren wie Studenten stammten fast alle aus dem Land der jeweiligen Universität.

Der Fortschritt der Wissenschaft. Die Entwicklung der Naturwissenschaften hat erneut einen Sprung nach vorn gemacht. Hier einige berühmte Beispiele:

Der Franzose Claude Bernard (1813–1878) hat die Experimentalmedizin begründet und zum Beispiel herausgefunden, dass die Leber Zucker produziert. Der französische Chemiker und Biologe Louis Pasteur (1822–1895) hat den Impfstoff gegen die Tollwut sowie die Bakterien entdeckt. Erst seit ihm wissen wir, wie wichtig es ist, dass bei Operationen alle Gerätschaften sauber, das heißt steril, sein müssen. Dem englischen Chemiker und Physiker Michael Faraday (1791–1867) sind bedeutende Entdeckungen auf dem Gebiet des Elektromagnetismus zu verdanken. Der Deutsche Max Planck (1858–1947) hat im Jahre 1900 die Quantentheorie aufgestellt, die Grundlage der modernen Physik. Der Däne Niels Bohr (1885–1962) hat 1913 wichtige Eigenschaften der Atome erforscht. Die Franzosen Henri Becquerel (1852–1908), Pierre Curie (1859–1906) und die Polin Marie Sklodowska (1867–1934) haben um 1900 die Radioaktivität entdeckt, der Deutsche Konrad Röntgen (1845–1923) die Röntgenstrahlen. Gleichzeitig entwickelte der österreichische Nervenarzt Sigmund Freud (1856–1939) die Psychoanalyse.

Die Wissenschaftler standen miteinander in Verbindung, sie unterrichteten sich über ihre Arbeiten und Entdeckungen und stützten sich auf die der anderen, um weiter zu forschen. Es entstand ein europäisches Wissenschaftsnetz.

Ideologien spalten Europa. Das Europa des 19. Jahrhunderts erlebte auch das Aufkommen philosophischer, ökonomischer und politischer Theorien, die viele Männer und Frauen dazu brachten, diese Vorstellungen in der Gesellschaft auch aktiv zu verwirklichen. Das waren die Ideologien. Zu den bedeutendsten gehören der Liberalismus, der Sozialismus und der Marxismus.

Der Liberalismus hat zwei Seiten. Zunächst der politische Aspekt: Der Liberalismus lehnt autoritäre Vorstellungen ab, propagiert Freiheit und Toleranz und führt normalerweise zur Demokratie. Ihm ist es zu verdanken, dass in den meisten europäischen Staaten Parlamente durch allgemeine Wahlen gewählt werden. Die Frauen erhielten erst im 20. Jahrhundert das aktive und passive Wahlrecht. Der andere Aspekt ist ein wirtschaftlicher: Die Gesetze der Wirtschaft sollen Produktion und Warenaustausch auf der Basis des freien Marktes regeln, nach dem Gesetz von Angebot und Nachfrage, das den Preis der Waren und die Höhe der Einkommen steigen oder fallen lässt. Dieser Liberalismus unterwirft die Arbeiter den Gesetzen des Marktes, dem Profit der Banken, der Unternehmen und der Reichen; er setzt sie der Arbeitslosigkeit aus und hält einen großen Teil von ihnen in Armut und manchmal sogar Elend, das im 19. Jahrhundert für zahlreiche Arbeiterfamilien schreckliche Ausmaße hatte. Das Europa des ungezügelten Wirtschaftsliberalismus ist ebenfalls ein schlechtes Europa.

Der Sozialismus geht weiter als der politische Liberalismus und bekämpft den Wirtschaftsliberalismus. Er will die Gesellschaft zu sozialer Gerechtigkeit und Gleichheit bringen. Der von dem deutschen Philosophen und Ökonomen Karl Marx (1818–1883) begründete Marxismus ist eine extreme Form des Sozialismus. Er sieht den Kampf um materielle Interessen sowie die Konflikte zwischen den sozialen Klassen, hauptsächlich zwischen der Arbeiterklasse und der Bourgeoisie, als ein Gesetz der geschichtlichen Entwicklung an. Er will zu einer klassenlosen Gesellschaft gelangen. Daher hält er eine Revolution und eine autoritäre Regierung der Arbeiterklasse, die sogenannte Diktatur des Proletariats, für notwendig. Die von Lenin noch verschärfte Form des Marxismus ist in Russland durch die Revolution von 1917 an die Macht gekommen. Stalin hat aus der Sowjetunion das Betätigungsfeld für einen extremen und barbarischen Marxismus gemacht: Er stützte sich auf eine »Planwirtschaft«, die vollständig vom Staat und der den Staat verkörpernden Kommunistischen Partei beherrscht war. Das Ergebnis war, wie ihr wisst, letztendlich der Zusammenbruch der Sowjetunion und des Kommunismus.

Im Grenzbereich von Wissenschaft und Ideologie hat der Engländer Charles Darwin (1809–1882) die Theorie von der Entstehung der Arten aufgestellt. Nach ihm erfolgt diese durch das Überleben der jeweils Stärksten. Und der Mensch solle vom Affen abstammen. Diese Theorie hat zwar eine wissenschaftlich anerkannte Grundlage, manche ihrer Aspekte werden heute aber sehr kritisiert. Das Schlimmste war, dass so manche Ideologie sich hinter der Maske der Wissenschaft versteckte, wie etwa der Rassismus oder der Antisemitismus – eine modernisierte Form der alten »inneren Dämonen« Europas.

Die Ideologien müssen heute von ihren irrationalen und aggressiven Aspekten losgelöst werden. Sie müssen in Ideale umgewandelt werden, das heißt in Vorbilder, die man erreichen oder sich als Ziel setzen soll. Die Aggressivität der ideologischen Kämpfe muss

von friedlichen und toleranten Debatten abgelöst werden. Europa muss zum Schauplatz friedlicher Dialoge werden.

In der für den Wohlstand der Nationen wie auch für den Lebensstandard der Europäer so wichtigen Wirtschaft muss die Marktwirtschaft, die die notwendige und sinnvolle Freiheit respektiert, mit bestimmten Kontrollen des Staates einhergehen. Staatliche Kontrollen müssen zwar begrenzt bleiben, aber der Tendenz des Marktes, die sozialen Ungleichheiten und Ungerechtigkeiten zu verstärken, entgegenwirken.

Ein soziales und sportliches Europa. Schließen wir mit einigen weniger betrüblichen Bemerkungen.

Europa hat im 19. Jahrhundert erlebt, wie die Arbeiter sich zusammengeschlossen haben, um ihre Rechte zu verteidigen: Das war die Geburtsstunde der Gewerkschaften und der Anfang einer Arbeitsgesetzgebung, deren Ziel der Schutz der Arbeiter war. Die Gewerkschaften wurden 1875 in Großbritannien anerkannt. In Frankreich erlaubte ein Gesetz ab 1864 das Streiken und 1884 wurde die Freiheit der Gewerkschaften gesetzlich garantiert. In den Jahren 1880 bis 1885 wurde in Deutschland ein Sozialversicherungssystem eingeführt, nachdem sich 1868 die ersten Gewerkschaften gegründet hatten.

Im Jahr 1864 wurde unter dem Einfluss des Sozialismus in London eine Organisation gegründet, die Gewerkschaften und politische Organisationen umfasste: Das war die Erste Internationale, die 1889 in Paris als Zweite Internationale wieder gegründet wurde.* Gewerkschaften und Internationale wollten nicht nur die Arbeiter schützen, sondern die Gesellschaft durch Gesetze oder mit Gewalt gleicher und gerechter machen. Das fordert auch das Lied *Die Internationale*, das zum ersten Mal 1888 beim Fest der Arbeiter von Lille gesungen wurde.

* Die marxistisch-kommunistische Dritte Internationale wurde 1919 von Lenin in Moskau gegründet.

Europa hat auch die Wiedergeburt des Sports erlebt, und zwar die des Gemeinschaftssports ebenso wie die des Einzelsports, der in der griechischen Antike eine große Rolle gespielt hatte und im Mittelalter, als man den Körper verachtete, zusammen mit den Stadien in der Versenkung verschwunden war. Zunächst war er nur bei den Adligen verbreitet, nach und nach »demokratisierte« er sich aber und manche Sportarten entwickelten sich zu Massensportarten. Dieser Aufschwung erfolgte auf nationaler und europäischer Ebene: Bald schon gab es Wettbewerbe zwischen den europäischen Nationen. Bereits vor dem organisierten Sport war gegen Ende des 18. Jahrhunderts, insbesondere in Deutschland, die Gymnastik aufgetaucht. Friedrich Ludwig Jahn (1778–1852), der »Turnvater«, war hier der Vorreiter, und der Schwede Ling (1776–1839) übte einen solchen Einfluss aus, dass seine Methode lange Zeit als »schwedische Gymnastik« bekannt war. Im Jahre 1823 nahm ein Schüler des Colleges in Rugby, in Großbritannien, bei einem Fußballspiel den Ball unter den Arm und trug ihn über das Spielfeld. Damit hatte er eine neue Sportart geschaffen, das Rugby, das erst 1871 offiziell anerkannt wurde.

Die Krönung erlebte diese Bewegung durch die Wiedereinführung der Olympischen Spiele in Athen 1896 auf Anregung von Pierre de Coubertin.

Das 20. Jahrhundert: Von der Tragödie zur Hoffnung. Vom 20. Jahrhundert werde ich nur wenig erzählen. Diese Epoche liegt euch näher, ihr erfahrt viel über sie in Zeitungen, Büchern und im Fernsehen. Und fragt auch eure Eltern und Großeltern, sie haben vieles selbst miterlebt und können euch davon berichten.

Ich erzähle euch nur das, was mit dem Ziel dieses kleinen Buches zusammenhängt: Was hat die Europäer zusammengebracht, was hat sie voneinander entfernt? Hat die Geschichte sie besser darauf vorbereitet, sich zu vereinigen oder sich zu spalten?

Was diese Frage betrifft, weist das 20. Jahrhundert die größte Dramatik und die tiefsten Gegensätze auf.

Europa zerfleischt sich selbst. Zweimal stand Europa im Mittelpunkt von Weltkriegen, die hier die größten Zerstörungen und die meisten Opfer kosteten. Zunächst der Erste Weltkrieg von 1914–1918. Hier standen Frankreich, Großbritannien, Belgien, Italien (ab 1915) und Russland, das nach der Oktoberrevolution von 1917 das Bündnis verließ und nicht mehr am Krieg teilnahm, auf der einen, Deutschland und Österreich-Ungarn, die am Ende besiegt wurden, auf der anderen Seite. Der Krieg hinterließ so schreckliche Erinnerungen, dass viele Europäer sagten, es müsse der letzte bleiben.

Zwanzig Jahre später aber marschierte Deutschland unter Adolf Hitler in Polen ein, nachdem es Österreich und die Tschechoslowakei annektiert hatte. Großbritannien und Frankreich erklärten Deutschland, das von Benito Mussolinis Italien unterstützt wurde, den Krieg; Demokratien kämpften gegen nationalsozialistische und faschistische Diktaturen (faschistisch ist abgeleitet vom italienischen Wort *fascio*, Rutenbündel, dem Symbol des Regimes). Deutschland marschierte in die Niederlande und in Belgien ein, dann in Dänemark und Norwegen. Es zwang das unterlegene Frankreich zur Kapitulation. Hitlerdeutschland besetzte mit seinem italienischen Verbündeten, der Serbien und Griechenland angegriffen hatte, fast ganz Europa. Nur wenige Staaten Europas

Europa nach dem 1. Weltkrieg (1914–1918)
Grenzen 1914
Deutsches Reich
Österreich-Ungarn
Russisches Reich
Osmanisches Reich
Siegerstaaten
Besiegte Staaten
Neue Staaten
Finnland
Helsinki
Norwegen
Oslo
Stockholm
Schweden
Estland
Lettland
Litauen
Moskau
UdSSR
Nordsee
Dänemark
Irland
Dublin
Großbritannien
London
Niederlande
Berlin
Danzig
Warschau
Polen
Belgien
Deutschland
Lux.
Prag
Tschechoslowakei
Paris
Atlantischer Ozean
Frankreich
Wien
Schweiz
Österreich
Budapest
Ungarn
Rumänien
Bukarest
Schwarzes Meer
Belgrad
Jugoslawien
Bulgarien
Sofia
Portugal
Lissabon
Madrid
Spanien
Italien
Korsika
Rom
Sardinien
Albanien
Griechenland
Türkei
Mittelmeer
Athen
Sizilien
Malta (brit.)
Marokko
Algerien
Tunesien

Europa nach dem 2. Weltkrieg (1939–1945)
Erwerbungen der UdSSR
Bundesrepublik Deutschland
Deutsche Demokratische Republik
Grenzen Deutschlands 1938
Finnland
Helsinki
Norwegen
Oslo
Stockholm
Schweden
Estland
Lettland
Litauen
Moskau
UdSSR
Nordsee
Irland
Dublin
Großbritannien
Dänemark
Gdańsk
Niederlande
London
Berlin
Warschau
Polen
Belgien
BRD
DDR
Lux.
Prag
Bonn
Tschechoslowakei
Paris
Atlantischer Ozean
Wien
Frankreich
Schweiz
Österreich
Budapest
Ungarn
Rumänien
Jugoslawien
Bukarest
Schwarzes Meer
Belgrad
Portugal
Lissabon
Madrid
Italien
Bulgarien
Sofia
Spanien
Korsika
Rom
Albanien
Sardinien
Griechenland
Türkei
Mittelmeer
Athen
Sizilien
Malta (brit.)
Marokko
Algerien
Tunesien

Namur
Dinant
Ciney
Durbuy
S. Vith
Viel Salm
Walcourt
Philippeville
Marche
la Roche
Beaumont
Charlemont
Givet
Rochefort
Houffalice
Bastogne
S. Hubert
Chimay
Couvin
Fumay
Rocroi
Maubert Fontaine
Charleville
Mezieres
Trier
Saarburg
Merzig
Saarlouis
Damvillers
Etain
Verdun
Fresnes
S.te Menehould
Clermont en Argonne
Marne
Chalons sur Marne
Meuse
S. Mihiel
Commercy
Bar le Duc
Ligny
Toul
Nancy
Vitry le François
Vaucouleurs
Gondrecourt
S. Dizier
Vassy
Joinville
Arcis
Aube
Troyes
Bar s. Aube
Haute Marne
Chaumont
Mirecourt
Vosges
Epinal
Neufchateau
Langres
Bourbonne
Vesoul
Haute Saone
Chatillon sur Seine
Montbard
Semur
Côte d'Or
Gray
Remiremont
Luxeuil

wurden nicht erobert; dazu zählten neben Großbritannien, das mutig Widerstand leistete, Schweden und der Schweiz, die neutral blieben, außerdem Spanien und Portugal, die mit Deutschland befreundet waren, aber nicht in den Krieg eintraten. Vergleichbar mit Napoleons Machtstreben wollte Hitler ein von Deutschland und dem Nationalsozialismus beherrschtes Europa schaffen. Es war der schrecklichste aller europäischen Einigungsversuche.

Die Sowjetunion (in der Nachfolge Russlands) hatte mit Deutschland 1939 einen Vertrag geschlossen, der es Deutschland erlaubte, den Krieg zu beginnen, und Polen unter Deutschland und der Sowjetunion aufteilte; nach dem überraschenden deutschen Angriff 1941 trat sie als Verbündete der westlichen Demokratien ebenfalls in den Krieg gegen Deutschland ein. Mit der mächtigen Hilfe der Vereinigten Staaten, auf die wir noch zu sprechen kommen, wurden Italien und dann Deutschland schließlich besiegt.

Nach jedem dieser schrecklichen Kriege veränderte das zerstörte Europa, das Millionen von Toten zu beklagen hatte, die Grenzen der europäischen Staaten. Seht euch die Karten an. Diese Veränderungen, vor allem die nach dem Ersten Weltkrieg, haben zwar berechtigte Forderungen mancher Nationen erfüllt, aber sie haben neue ungerechte Grenzen und viele spätere Konflikte geschaffen.

Zu den Schrecken der Kriege kamen zwischen und nach den beiden Kriegen Verbrechen hinzu, in denen die Armeen und vor allem die Polizei Morde und Verstöße gegen die Menschenrechte begingen, die ihnen von blutgierigen Diktatoren befohlen wurden.

Erinnerung tut Not. In Deutschland hatte das nationalsozialistische Regime von Adolf Hitler Konzentrationslager eingerichtet, in denen politische Gefangene aus Deutschland und anderen europäischen Ländern unter grauenhaften Bedingungen eingesperrt waren; dazu kamen im Laufe der Zeit immer mehr unschuldige Opfer des nationalsozialistischen Rassenwahns: Polen, Sinti und Roma und vor allem Juden. Im Jahr 1941 haben die Nazis die Ver-

Auschwitz
Main
Nurnberg
R.T. 1532
Mergentheim
Ansbach
Deutsch Ordens
Wurtemberg
Strasburg
Donauwörth
Ingolstadt
Landshut

nichtung aller Gefangenen beschlossen, die aus rassischen Gründen eingesperrt waren, vor allem die Juden. Das nannten sie »die Endlösung«. Das war der Völkermord an den Juden, die Shoa oder der Holocaust. Sehr wenige sind ihm entgangen. Denkt an diese Verbrechen. Es wird kein gutes Europa ohne Erinnerung an die europäischen Verbrechen geben, von denen dieses das schlimmste war.

Bereits vor dem Zweiten Weltkrieg hatte das kommunistische Regime unter Joseph Stalin, einem anderen schrecklichen Diktator, in der Sowjetunion Verbrechen gegen die Freiheit, die Menschenwürde und die Menschenrechte begangen: Schauprozesse aufgrund falscher Beschuldigungen, Massendeportationen und -hinrichtungen von Polen und Angehörigen anderer Völker. Die sowjetischen Lager in Sibirien, der Gulag, waren schreckliche Gegenstücke zu den Konzentrationslagern; sie waren voll von Deportierten, die unter schändlichen Bedingungen dort lebten und zur Zwangsarbeit verurteilt waren; viele starben dort. Erinnert euch auch an den Gulag, den der russische Schriftsteller Alexander Solschenizyn beschrieben hat, der viele Jahre dort verbringen musste.

Gegen die Menschenrechte ist lange Zeit auch in Ländern verstoßen worden, deren Diktatoren zwar weniger schrecklich waren, aber dennoch die Bevölkerung unterdrückten: im faschistischen Italien, in dem ab 1939 von Franco beherrschten Spanien, im von Salazar regierten Portugal oder dem von den »Obristen« geführten Griechenland.

Trotz des gemeinsamen Sieges im Zweiten Weltkrieg kam es zwischen der Sowjetunion und den westlichen Demokratien bald zu Konflikten. Die Sowjetunion setzte in Polen, Ostdeutschland, der Tschechoslowakei, Ungarn, Rumänien, Bulgarien, Jugoslawien und Albanien kommunistische Regierungen unter ihrer Befehlsgewalt ein, nachdem sie diese Länder militärisch besetzt hatte. Zwischen diesem neuen Imperium und Westeuropa errichtete sie eine Grenze aus Stacheldraht und Wachtürmen (und in Berlin eine Mauer), die die Männer und Frauen in Osteuropa

Der Fall der Mauer

daran hinderte, in den Westen zu kommen. Das war der »Eiserne Vorhang«. Zwischen Westeuropa (einschließlich der Vereinigten Staaten) und Osteuropa herrschte der »Kalte Krieg«.

Ende der achtziger Jahre brach der Sowjetkommunismus zusammen; er war an seiner Unfähigkeit zu einer produktiven Wirtschaft und seinem Polizeisystem gescheitert. Die unterworfenen Länder in Mittel- und Osteuropa fanden wieder zu Unabhängigkeit und Freiheit, die Mauer in Berlin fiel und das geteilte Deutschland wurde wiedervereinigt. Die Sowjetunion hingegen hörte auf zu bestehen: Russland und andere Staaten wurden (wieder) unabhängig. Die Karte Europas veränderte sich. Seht sie euch an.

Europa ist nicht stabil und steckt weiterhin voller Bedrohungen durch nationale Konflikte, da die Völker und Nationen lange Zeit von dem österreich-ungarischen und vor allen Dingen dem russischen und später sowjetischen Reich unterdrückt wurden. Einer der empfindlichsten Punkte ist noch immer das ehemalige Jugoslawien, Schauplatz grausamer Auseinandersetzungen zwischen Völkern, die von einem Nationalismus angetrieben werden, dessen negative Aspekte häufig stärker sind als die positiven.

Europa herrscht nicht mehr über die Welt. Seit der Mitte des 19. Jahrhunderts war ein großes, von den eingewanderten Europäern auf Kosten der Indianer geschaffenes Land immer mächtiger geworden: die Vereinigten Staaten von Amerika. Nach den zwei Weltkriegen sind die größten europäischen Nationen – Deutschland, Großbritannien und Frankreich – von den Amerikanern überflügelt worden. Aber auch von Japan, das zu einer großen Weltmacht herangewachsen ist, obwohl es auch zu den Verlierern des Zweiten Weltkriegs gehört. Das riesige China ist erwacht. Auch Indien, das wegen seiner Größe und Bevölkerungszahl als Subkontinent bezeichnet wird, entwickelt sich zu einer Macht, die eines Tages stärker als die größten europäischen Nationen sein wird.

Auch auf dem Gebiet der Technik, der Wissenschaft und For-

schung haben die reichen Vereinigten Staaten den Europäern den Rang abgelaufen. Frankreich und Großbritannien verfügen über die Atombombe, Russland besitzt noch viele atomare Waffen, ist aber geschwächt – so sind die Vereinigten Staaten die einzige große atomare Militärmacht. Es bleibt zu hoffen, dass das Atom künftig nur noch friedlich genutzt wird.

Eine positive Folge des Endes der europäischen Übermacht ist die Entkolonialisierung. Heute steht praktisch kein Volk der Erde mehr unter der Kolonialherrschaft einer europäischen Nation. Die Europäer haben sich von diesem Makel befreit. Auf ihnen lastet nun keine Bürde mehr, sodass sie sich daranmachen können, den allgemeinen Wunsch nach Wohlstand, Gerechtigkeit und Zivilisation bei sich und durch friedliche Verbreitung in der ganzen Welt umzusetzen.

Was sollen die uneinigen europäischen Staaten angesichts der neuen Riesen tun? Sich vereinen und ein großes, vereintes Europa bilden. Auf diese Weise wird es ebenso stark wie die Vereinigten Staaten, Japan und alle anderen Staaten, die ebenfalls Großmächte sind. So wird es seine Unabhängigkeit, seine Freiheit, seine Traditionen, seine Eigenheiten und seine Zukunft friedlich verteidigen können. Es darf sich nicht verschließen, sich den anderen nicht verweigern – der amerikanischen Kleidung und den amerikanischen Getränken gegenüber genauso wenig wie den japanischen Autos. Aber es muss seine Lebensart bewahren, vor allem sein Kino, sein Fernsehen, seine Literatur und seine landestypischen Produkte wie Wein, Bier, Nudeln und Käse. Es darf nicht überflutet, amerikanisiert, japanisiert werden. Die Europäer in Mittel- und Osteuropa und auch die Russen selbst haben es verstanden, sich nicht »sowjetisieren« zu lassen. Und die Europäer haben so manchen Trumpf in den Händen, um sich am Ende schließlich zu vereinen.

Ihr habt gesehen, wie die beinahe unablässigen Auseinandersetzungen zwischen Deutschland und Frankreich Europa über Jahrhunderte hinweg bewegt haben. Unter dem Einfluss des Präsidenten Charles de Gaulle und des Bundeskanzlers Konrad Adenauer haben sich Frankreich und Deutschland ausgesöhnt. Sie sind sogar zu Freunden geworden und bilden ein einträchtiges Paar. Das ist ein großer Trumpf für ganz Europa.

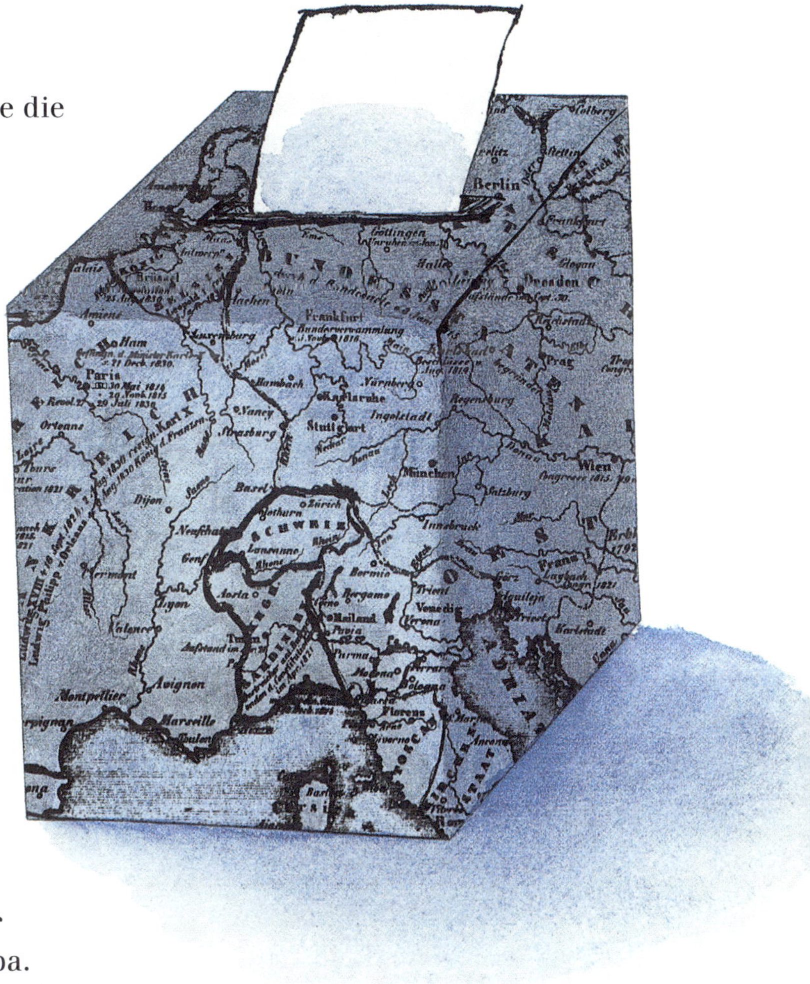

Außerdem scheint die Lehre aus den Katastrophen, die durch die beiden großen Kriege hervorgerufen wurden, endlich verstanden worden zu sein. Die Europäer wollen Frieden in Europa. Die letzte wichtige Trumpfkarte: Es gibt keine politischen Diktaturen mehr in Europa. Alle Länder haben ein demokratisches System mit Parlamenten, die in freien und allgemeinen Wahlen gewählt werden, ein System, das das Recht und die Rechte der Bürger respektiert. Auch ist sich die Mehrzahl der Europäer darüber im Klaren, dass das, was sie früher zu Feinden machte, vollständig verschwinden muss und dass die Gemeinsamkeiten genutzt werden müssen, die – wie wir gesehen haben – seit Jahrhunderten bestehen.

Einige Daten zur Entwicklung der europäischen Einigung

1929 Ein Pionier: Aristide Briand, der französische Premierminister, macht vor der Versammlung des Völkerbundes den Vorschlag, Europa zu vereinen.

1948 Gründung der Organisation für europäische wirtschaftliche Zusammenarbeit (OEEC) durch die Staaten Westeuropas.

1951 Gründung der Montanunion, der Europäischen Gemeinschaft für Kohle und Stahl, mit sechs beteiligten Ländern: Frankreich, Deutschland, Italien, Belgien, die Niederlande, Luxemburg; die Gemeinschaft wird in Luxemburg von dem Franzosen Jean Monnet geleitet.

1957 Die Römischen Verträge begründen die Europäische Wirtschaftsgemeinschaft (EWG) und die Europäische Atomgemeinschaft (EURATOM) der sechs Staaten.

1973 Großbritannien, Irland und Dänemark werden Mitglieder der Europäischen Gemeinschaft (EG). Das ist das Europa der Neun.

1979 Schaffung eines Währungssystems, das die europäischen Währungen untereinander verbindet (Europäisches Währungssystem, EWS).

1981 Griechenland tritt als zehntes Mitglied der Gemeinschaft bei.

1986 Spanien und Portugal werden Mitglieder: das Europa der Zwölf. Unterzeichnung eines neuen, stabileren Gemeinschaftsvertrages.

1992 Ein Vertrag über stärkere Integration der Europäischen Union (EU), der eine gemeinsame, einheitliche europäische Währung vorsieht, wird in Maastricht unterzeichnet.

1994 Beitritt von Österreich, Finnland und Schweden: das Europa der Fünfzehn. Die Hauptstädte des vereinten Europa sind Brüssel, Sitz des Ministerrats und der Kommission (Regierung und Verwaltung), und Straßburg, wo das gewählte Parlament den Großteil der Sitzungen abhält.

Westeuropa und Osteuropa kommen zusammen

Von 15 auf 27 Das große europäische Ereignis zwischen 1994 und heute (2007) ist eine erneute Erweiterung. 2004 erfolgte der entscheidende Beitritt der Länder Mittel- und Osteuropas. Dieser Schritt bedeutete zugleich den Übergang all jener Länder zum vereinten Europa, die von der Sowjetunion in den Westen ihres Imperiums eingebunden waren. Hier die Liste dieser Länder in alphabetischer Reihenfolge: Estland, Lettland, Litauen, Polen, Slowakei, Slowenien, Tschechien, Ungarn. Dazu kommen noch Malta sowie Zypern, das nur mit seinem griechischen Teil in das Vereinte Europa aufgenommen wurde – der türkische Teil wurde nicht anerkannt. Das war das Europa der 25, das 2007 noch um Bulgarien und Rumänien erweitert wurde. Wahrscheinlich wird sich 2009 noch Kroatien dazu gesellen. Danach folgt voraussichtlich eine lange interne Entwicklung, welche die Staaten der GUS, der Gemeinschaft Unabhängiger Staaten um Russland, vom europäischen Osten bis nach Zentralasien, außen vor lassen wird. Der Ausspruch des französischen Politikers de Gaulle, dass »Europa vom Atlantik bis zum Ural« reiche, hat keine Zukunft.

Schnell oder langsam? Ein weiteres großes Ereignis war im Jahr 2005 die Ablehnung einer Europäischen Verfassung durch Volksentscheide in Frankreich und den Niederlanden. Dieser Verfassung wurde zum Vorwurf gemacht, sie sei zu lang und zu kompliziert und beschäftige sich vor allem zu wenig mit sozialen Fragen. Ich denke, sie war offen genug, und man hätte sie besser befürwortet. Ich bedaure dieses Scheitern, auch wenn ich es verstehe. Ich bin Anhänger eines stärker vereinten Europas, aber ich verstehe, dass viele Europäer Bedenken haben. Man muss diejenigen respektieren, die eine andere Meinung zu Europa haben, insbesondere diejenigen, die sich ein sozialeres Europa wünschen, das sich mehr um die Menschen und besonders die Schwachen kümmert.

Ich glaube, dass es darum geht, ein Gleichgewicht herzustellen zwischen den einzelnen Nationen, aus denen sich Europa zusammensetzt, und den Nationalgefühlen ihrer Bürger auf der einen

Seite und einer übernationalen Macht auf der anderen. Diese übernationale Regierung mehr oder weniger föderativer Art (wenn auch in anderer Form als in den Vereinigten Staaten, da sind unsere achtenswerten Traditionen einfach verschieden) ermöglicht es Europa, wirklich mit einer Stimme zu sprechen, zu entscheiden und gemeinsam voranzuschreiten.

Man muss anerkennen, dass die Geschichte sich normalerweise langsam fortentwickelt, vor allem, wenn es sich um derart beträchtliche Veränderungen handelt wie es beim Übergang des geteilten Europa der Vergangenheit zum vereinten Europa der Zukunft der Fall ist.

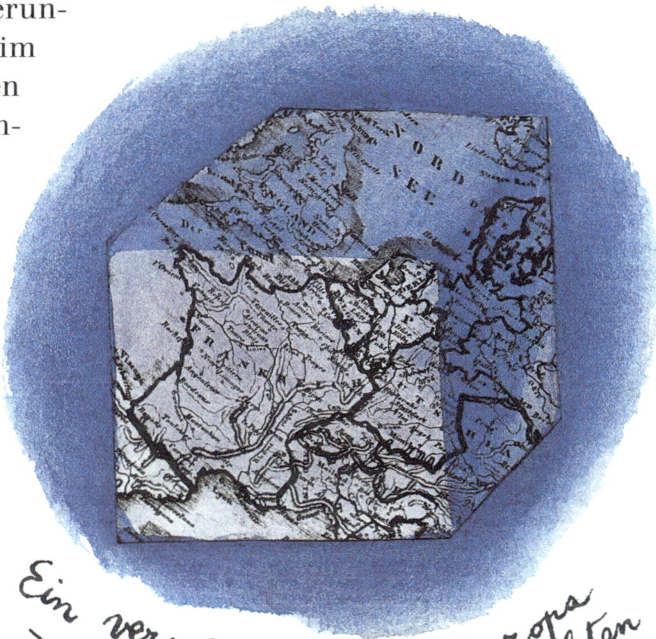

Ein verschlossenes Europa – ein Wandel zum Schlechten

Schon jetzt hat das vereinte Europa erstaunliche Fortschritte gemacht: Es gibt keine Kriege unter Europäern mehr, überall herrscht Demokratie, und die Todesstrafe ist abgeschafft. Die Europäische Kommission in Brüssel kommt zwar mit kleinen Schritten voran – aber sie kommt voran. Europa ist ein langes Geduldsspiel. Dennoch wäre es wünschenswert, wenn der Bau Europas eine stärkere Dynamik erführe. Wir müssen von den Regierungen und Politikern fordern, dass sie ernsthaft für Europa arbeiten. Wir müssen den Briten dabei helfen, in stärkerem Maß Europäer zu sein: Europa braucht ein engagiertes Vereinigtes

Königreich. Auf keinen Fall dürft ihr euch die unentschlossenen Europäer zum Vorbild nehmen, die nur auf sich bezogen sind und Angst vor dem Fortschritt haben. Wir müssen jenen, die man Euroskeptiker nennt, dabei helfen, sich von ihrer Skepsis zu befreien.

Welches Europa? Eines der großen Ziele der Europäischen Union im 21. Jahrhundert, in dem auf der Erde zunehmend die Mächtigen die Oberherrschaft über den Rest der Menschheit führen (was man Globalisierung nennt), besteht darin, den anderen Großräumen der Welt hinsichtlich der Bevölkerung, Wirtschaftskraft und kulturellen Ausstrahlung ein Gegengewicht zu sein.

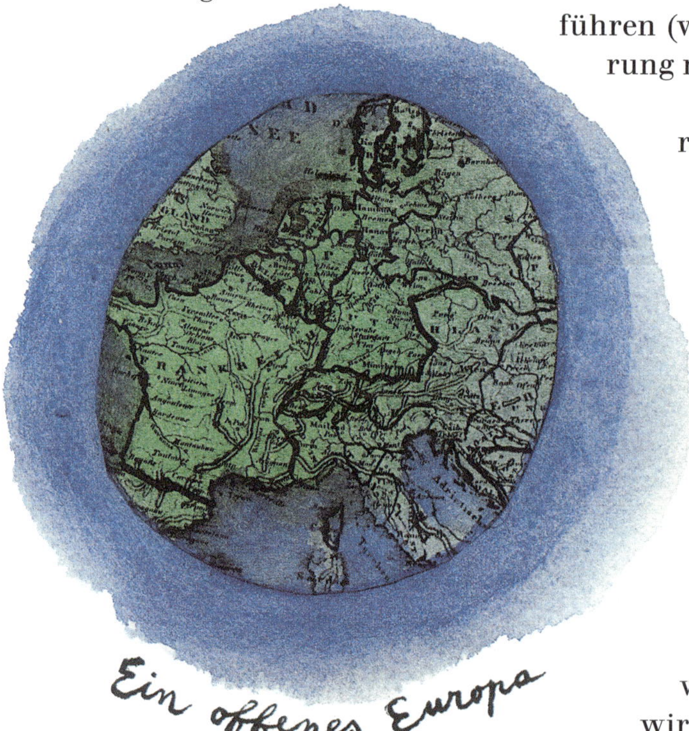

Das vereinte Europa erstreckt sich über 4 300 000 Quadratkilometer und hat ungefähr 490 Millionen Einwohner. Vergleichen wir es mit den anderen Riesen: Die Vereinigten Staaten erstrecken sich über 9 640 000 Quadratkilometer und haben 299 Millionen Einwohner, China 9 580 000 Quadratkilometer und 1,311 Milliarden Einwohner, Indien 3 300 000 Quadratkilometer und ungefähr 1,122 Milliarden Einwohner. Natürlich müsste man dem noch einen Vergleich der wirtschaftlichen und militärischen Macht hinzufügen. Die Vereinigten Staaten sind in diesen Bereichen führend, China und Indien sind auf dem Vormarsch; Europa, das selbst

kaum Rohstoffe hat, ist hoch industrialisiert und hat stabile Wirtschaftstraditionen. Es ist sicher ein vorrangiges Ziel für das vereinte Europa, eine gemeinsame Wirtschaftspolitik zu verwirklichen, genau wie übrigens auch eine gemeinsame Energiepolitik und einen gemeinsamen Umweltschutz. Europa muss vor allem vermeiden, von der Europäischen Zentralbank beherrscht zu werden, die ihm zu Diensten stehen muss statt es zu regieren. Die gemeinsame Währung jedenfalls – der Euro – ist ein Fortschritt. Die vielen verschiedenen Währungen und der ständige Zwang zum Geldwechsel haben die wirtschaftliche Entwicklung Europas im Mittelalter gebremst. Aber nicht alle Länder der Europäischen Union haben den Euro als Währung übernommen. Heute, im Jahr 2007, sind es nur dreizehn Länder: Belgien, Deutschland, Finnland, Frankreich, Griechenland, Irland, Italien, Luxemburg, die Niederlande, Österreich, Portugal, Slowenien und Spanien. Ich glaube, der Euro hat ihnen mehr Verbesserungen als Schwierigkeiten eingebracht.

Was einen möglichen Beitritt der Türkei zu Europa betrifft, so sind die Europäer sehr geteilter Ansicht. Versucht, euch eine eigene Meinung zu bilden. Ich glaube, dass weder die Geografie, noch die Geschichte, noch das gegenwärtige politische Verhalten (insbesondere gegenüber den Kurden) einen baldigen Beitritt rechtfertigen würden. Hingegen dürfen religiöse Gründe bei dieser Frage keine Rolle spielen. Europa ist laizistisch, das heißt Kirche und Staat sind getrennt, und die Türkei ist, zusammen mit

Tunesien, das laizistischste aller muslimischen Länder. Stärker muss man dagegen das geografische und demografische Gewicht der Türkei berücksichtigen, und auch daran erinnern, dass selbst für die unzweifelhaft europäischen Länder, die der Europäischen Union beigetreten sind, die Erweiterung vielleicht ein wenig zu schnell gegangen ist. Die Größe und die Einwohnerzahl der Türkei – ungefähr 776 000 Quadratkilometer und 74 Millionen Einwohner – bringen das Risiko eines Ungleichgewichts mit sich. Es braucht etwas Zeit, bevor ein möglicher Beitritt der Türkei zu Europa, der sich nicht aufzwingt, aber auch nicht unmöglich ist, erneut geprüft werden sollte.

Das große Europa muss geöffnete Fenster haben: offen nach Süden, zur Dritten Welt, zur gesamten Erde, nicht mehr, um sie auszubeuten, sondern um Gesprächsbereitschaft und Hilfe anzubieten.

Und dann dürfen in Europa nicht allein die Wirtschaft, das Geld und die materiellen Interessen herrschen. Es muss ein Europa der Zivilisation, der Kultur sein. Dies ist sein wichtigster Trumpf und war schon immer sein wertvollstes Erbe. Erinnert euch: Griechenland und Rom, das Christentum, der Humanismus, das Barock, die Aufklärung und so fort.

Europa muss ein Europa der Menschenrechte sein (diese sind eine seiner wichtigsten Errungenschaften), ein Europa der Frauen- und der Kinderrechte. Ein gerechteres Europa, das gegen Ungleichheit, Arbeitslosigkeit, soziale Ausgrenzung kämpft – allesamt Übel, die die Europäer nur gemeinsam bekämpfen können. Ein Europa, das sich stärker darum bemüht, das Gleichgewicht zwischen Mensch, Tier und natürlicher Umwelt zu respektieren.

Ich glaube, die Verwirklichung eines schönen und guten Europa ist *das* große Vorhaben für eure Generation. Die Menschen, vor allem die jungen Menschen, brauchen zu jeder Zeit ein großes Ziel, ein Ideal, eine Leidenschaft. Begeistert euch für die Gestaltung Europas, Europa verdient es. Wenn ihr dazu beitragt, an seiner positiven Verwirklichung mitzuwirken, so wird euch dies bereichern, auch wenn ihr Prüfungen zu bestehen haben werdet. Nichts Großes wird ohne Anstrengung erreicht.

Und vergesst schließlich bitte auch nicht, dass nichts Gutes getan werden kann ohne die Erinnerung und dass die Geschichte dazu dient, euch diese Erinnerung zu ermöglichen, sodass die Vergangenheit eure Gegenwart und eure Zukunft klarer und deutlicher macht.

Inhalt